Alle Altersstufen — Andrea Schinhärl

Der innovative Dyskalkulietrainer

Schnelle Soforthilfe für alle gestressten Lehrer & Eltern

Lernen mit Erfolg
KOHL VERLAG

Der innovative Rechentrainer
Schnelle Soforthilfe bei Dyskalkulie

10. Auflage 2026

© Kohl-Verlag, Kerpen 2008
Alle Rechte vorbehalten.

<u>Inhalt</u>: Andrea Schinhärl
<u>Coverbild</u>: © grafikplusfoto - AdobeStock.com
<u>Illustrationen</u>: © clipart.com
<u>Redaktion</u>: Kohl-Verlag
<u>Grafik & Satz</u>: Kohl-Verlag
<u>Druck</u>: Druckerei Flock, Köln

Bestell-Nr. 10 870

ISBN: 978-3-86632-870-9

Bildquellen: AdobeStock.com
S. 2: © Africa Studio; S. 6: © Designstockio; S. 57: © janvier, Dmytro Synelnychenko, vlady1984, bm_photo, GAlexS; S. 58: © Janvier, vlady1984, Dmytro Synelnychenko

---

Das vorliegende Werk und seine Teile sind urheberrechtlich geschützt. Jede Nutzung in anderen als den gesetzlich zugelassenen Fällen bedarf der vorherigen schriftlichen Einwilligung des Verlages. Hinweis zu § 52a UrhG: Weder das Werk noch seine Teile dürfen ohne eine solche Einwilligung eingescannt und in ein Netzwerk oder das Internet eingestellt werden. Dies gilt auch für Intranets von Schulen und sonstigen Bildungseinrichtungen.

<u>Kontakt</u>: Kohl-Verlag, An der Brennerei 37-45, 50170 Kerpen
Tel: +49 2275 331610, Mail: info@kohlverlag.de

Der vorliegende Band ist eine Print-<u>Einzellizenz</u>

Sie wollen unsere Kopiervorlagen auch digital nutzen? Kein Problem – fast das gesamte KOHL-Sortiment ist auch sofort als PDF-Download erhältlich! Wir haben verschiedene Lizenzmodelle zur Auswahl:

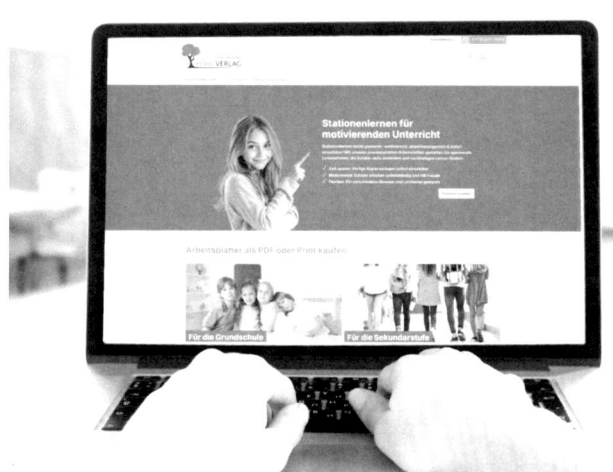

	Print-Version	PDF-Einzellizenz	PDF-Schullizenz	Kombipaket Print & PDF-Einzellizenz	Kombipaket Print & PDF-Schullizenz
Unbefristete Nutzung der Materialien	x	x	x	x	x
Vervielfältigung, Weitergabe und Einsatz der Materialien im eigenen Unterricht	x	x	x	x	x
Nutzung der Materialien durch alle Lehrkräfte des Kollegiums an der lizenzierten Schule			x		x
Einstellen des Materials im Intranet oder Schulserver der Institution			x		x

Die erweiterten Lizenzmodelle zu diesem Titel sind jederzeit im Online-Shop unter www.kohlverlag.de erhältlich.

Inhalt

Seite:

- Wichtige Begriffe zum Nachschauen   4 – 5

- 1. Übungseinheit: MENGEN   6 – 11

- 2. Übungseinheit: STELLENWERT (Einer, Zehner, Hunderter)   12 – 22

- 3. Übungseinheit: ADDITION UND SUBTRAKTION   23 – 35

- 4. Übungseinheit: MULTIPLIKATION UND DIVISION   36 – 47

- 5. Übungseinheit: SACHAUFGABEN   48 – 54

- 6. Übungseinheit: RECHNEN MIT GRÖSSEN   55 – 56

- 7. Übungseinheit: RECHNEN MIT GELD   57 – 58

- 8. Übungseinheit: DIE UHR   59 – 60

- 9. Übungseinheit: SACHAUFGABEN (Längen, Zeit, Geld)   61 – 62

- 10. Übungseinheit: ABSCHLUSSTEST   63 – 66

- DIE LÖSUNGEN   67 – 74

Wichtige Begriffe zum Nachschauen

- Addieren ⇨ Plusrechnen, zusammenzählen (+)
- Summe ⇨ Ergebnis einer Addition (Plusrechnung)
- Subtrahieren ⇨ Minusrechnen, abziehen (−)
- Differenz ⇨ Ergebnis einer Subtraktion (Minusrechnung)
- Dividieren ⇨ Teilen, Geteilt rechnen (:)
- Quotient ⇨ Ergebnis einer Division (Teilaufgabe)
- Multiplizieren ⇨ Malnehmen (•)
- Produkt ⇨ Ergebnis einer Multiplikation (Malaufgabe)
- verdoppeln ⇨ mal 2, mit 2 malnehmen, das Doppelte
- halbieren ⇨ : 2, die Hälfte von
- das 4-fache ⇨ mal 4, mit 4 malnehmen
- der 3. Teil von ⇨ : 3, durch 3 teilen
- Vergleich ⇨ ist gleich =   7 = 7
  ist kleiner als <   7 < 9
  ist größer als >   7 > 5

Zeitspannen

1 Stunde (h) = 60 Minuten
1 Minute = 60 Sekunden (s)
1 Tag = 24 Stunden (h)
1 Woche = 7 Tage
1 Jahr = 12 Monate
1 Jahr = 52 Wochen
1 Jahr = 365 Tage

Längen

1 Kilometer (km) = 1000 Meter (m)
1 Meter (m) = 100 Zentimeter (cm)
1 Dezimeter (dm) = 10 Zentimeter (cm)
1 Zentimeter (cm) = 10 Millimeter (mm)

Wichtige Begriffe zum Nachschauen

Gewichte

1 Tonne (t)   = 1000 Kilogramm (kg)
1 Kilogramm (kg) = 1000 Gramm (g)
1 Gramm (g)   = 1000 Milligramm (mg)

Geld

1 Euro (€)   = 100 Cent (ct)

Geometrische Flächen

 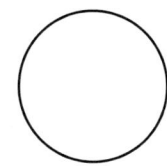  

Quadrat   Kreis   Rechteck   Dreieck

Tauschaufgabe

5 + 3 = 8   4 • 6 = 24
          oder
3 + 5 = 8   6 • 4 = 24

Umkehraufgabe

6 − 2 = 4   7 • 3 = 21
          oder
4 + 2 = 6   21 : 3 = 7

Kernaufgabe

1 • 3 = 3   2 • 3 = 6   5 • 3 = 15   10 • 3 = 30

Partnerzahl = Ergänzungszahl zur 10

Beispiel: (4/6) (8/2) (9/1) (6/4) (1/9) (7/3) (2/8) (3/7) (5/5)

1. ÜBUNGSEINHEIT: MENGEN

Konzentrationsübung

Bearbeite die folgenden Arbeitsaufträge.

a) Schreibe deinen Namen unter die Linie _____

b) Male alle Dreiecke grün an:

c) Schreibe eine 6 vor das Dreieck und eine 9 dahinter:

d) Schreibe die Zahl „fünfundzwanzig" auf die Zeile: _____

e) Zeichne die Uhrzeit 13 Uhr in jede 2. Uhr: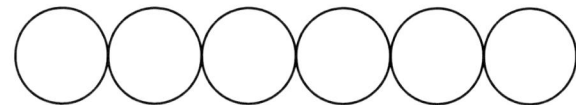

f) Kreise alle Pfeile ein, die nach oben zeigen:

g) Zeichne vier Dinge, die nach rechts zeigen:

☐ ☐ ☐ ☐

h) Male in der Reihenfolge: grün – gelb – rosa – blau ...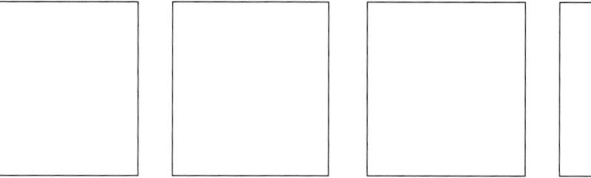

i) Welche Begriffe gehören zur Mathematik? Kreise ein.

Sommer - Plus - Körper - Puls - Uhr - Addieren - Aufgabe - Mal

j) Streiche alle Neunen durch.

9 6 9 6 9 9 9 6 9 6
9 9 9 9 6 6 9 6 6 9

Seite 6

1. Übungseinheit: Mengen

Wahrnehmungsübung

Kreise alles was nach rechts zeigt gelb und alles was nach links zeigt grün ein.

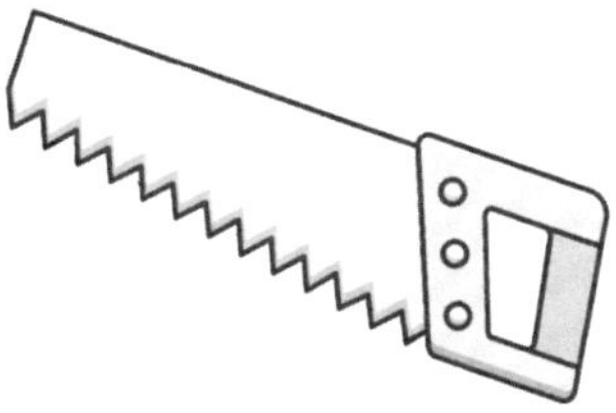

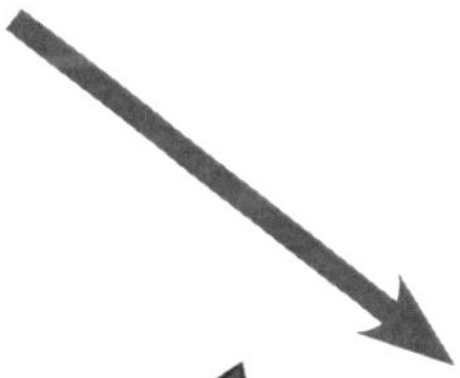

_____ Bilder zeigen nach links

_____ Bilder zeigen nach rechts

1. Übungseinheit: Mengen

a) Wo sind am meisten Sterne im Kästchen? Markiere durch ein Kreuz ins Kästchen. Versuche die Lösung ohne vorheriges Zählen zu lösen.

b) Teile die Fußbälle gleich auf. Male in die Tabelle.

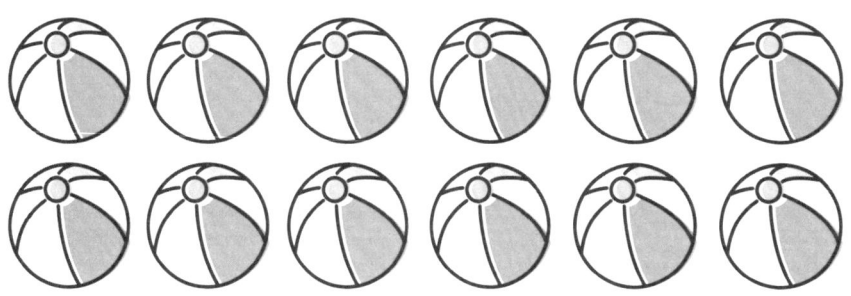

Thomas	Kevin

- Wie viele Bälle bekommt Thomas? _____
- Wie viele Bälle hat Kevin? _____

1. Übungseinheit: Mengen

c) *Zeichne.*

- Zeichne 8 Blumen in das Kästchen.

- Zeichne 11 Kinder in das Kästchen.

- Zeichne 2 Bäume in das Kästchen.

d) *Wie viele Dinge sind jeweils abgebildet?*

Es sind _____ Schlüssel. Kreise 4 Schlüssel mit einem roten Farbstift ein.

Es sind _____ Flugzeuge. Kreise 8 Flugzeuge mit einem roten Farbstift ein.

Es sind _____ Stifte. Kreise 7 Stifte mit einem roten Farbstift ein.

1. ÜBUNGSEINHEIT: MENGEN

e) Teile diese Tiere in gleich große Mengen auf.
   Kreise die Teilmengen jeweils mit einem grünen Farbstift ein.

f) Male aus.

• Male 9 Kreise aus.

• Male 6 Kreise aus.

• Male 16 Kreise aus.

• Male 12 Kreise aus.

Seite 10

1. Übungseinheit: Mengen

g) Zeichne die fehlenden Kreise hinzu.

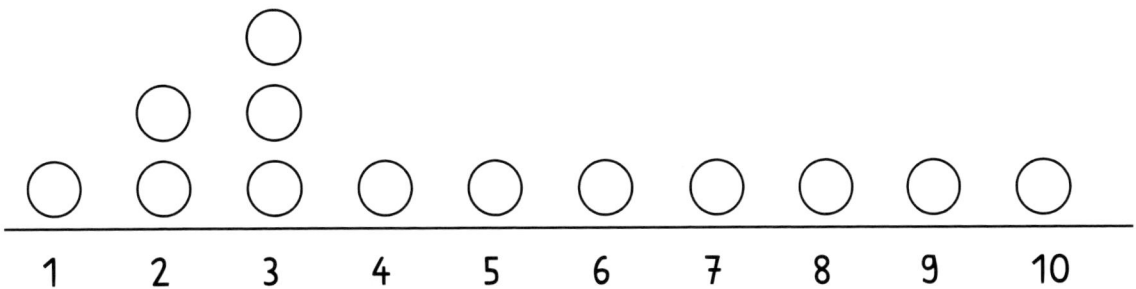

h) Ordne die Zahlen den Regenschirmen zu. Verbinde Menge und Zahl.

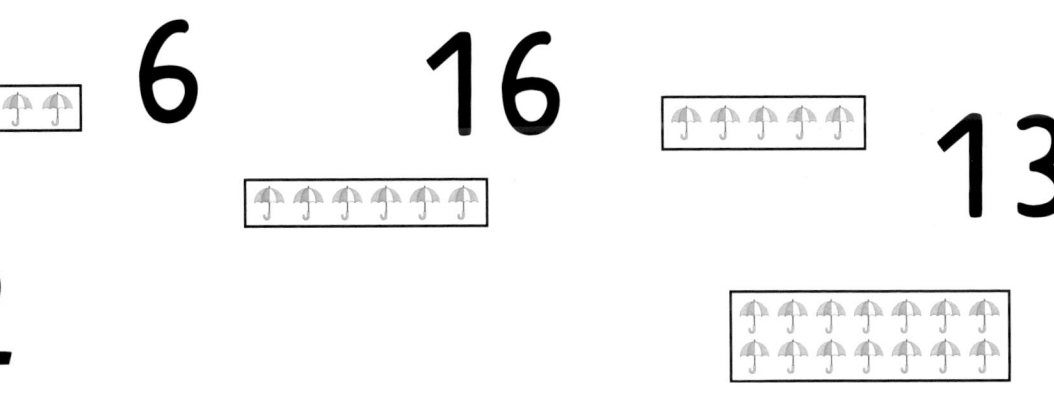
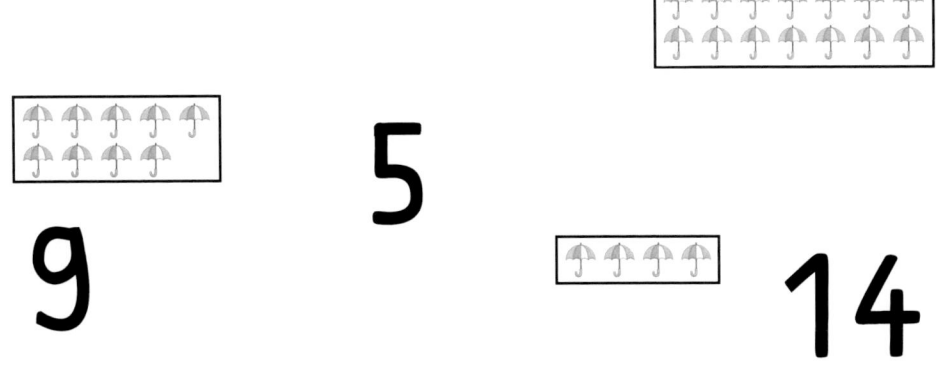
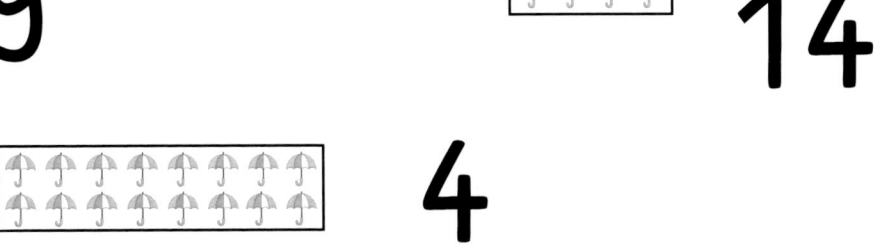

2. Übungseinheit: Stellenwert

Konzentrationsübung

Vergleiche die einzelnen Zahlenreihen
und streiche jeweils die Zahl durch, die nicht gleich ist.

| 76890 | 8906 | 6543 | 99991 |
| 76790 | 8906 | 5543 | 98991 |

| 8765 | 9861 | 4883 | 00900 |
| 8765 | 9851 | 4882 | 00900 |

| 2281 | 5880 | 1243 | 6009 |
| 2291 | 5890 | 1243 | 9009 |

| 2239 | 7231 | 9696 | 3090 |
| 2238 | 7331 | 6696 | 3030 |

| 1010 | 8968 | 0912 | 4040 |
| 1110 | 8668 | 0612 | 3040 |

| 99678 | 09630 | 87653 | 87886 |
| 98678 | 09630 | 87653 | 87896 |

| 56431 | 86543 | 96969 | 63639 |
| 56331 | 86533 | 96999 | 93639 |

Seite 12

2. ÜBUNGSEINHEIT: STELLENWERT

Wahrnehmungsübung

Tippe mit deinem Finger nacheinander auf jede einzelne Zahl der Zahlenreihe von 1 bis 20. Eine Zahl fehlt ... Welche Zahl ist es?

16   5
1
15   14   7
12   10   2
       19
9   3
   17
          6
4
18   8   20

Es fehlt die Zahl: _____

2. Übungseinheit: Stellenwert (Einer, Zehner, Hunderter)

Der Zahlenstrahl von 0 - 100

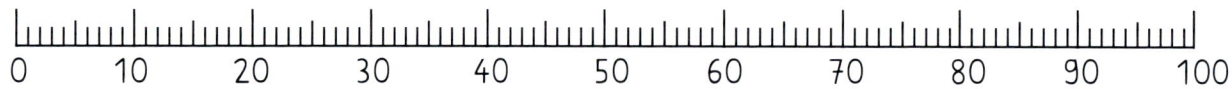

a) Zehner und Einer. Wie viele Zehner haben die Zahlen?

Z	E		Z	E		Z	E		Z	E
20 =   40 =   70 =   90 =

80 =   10 =   60 =   50 =

b) Eintragen von Zahlen in das Zahlenhaus.

Trage folgende Zahlen in das Zahlenhaus ein:

	H	Z	E
12			
2			
fünfzehn			
31			
fünfundsechzig			
sechsundfünfzig			
89			
zweiunddreißig			

2. Übungseinheit: Stellenwert (Einer, Zehner, Hunderter)

c) Suche die Nachbarzahlen und trage sie ein.

___ 19 ___   68 ___ ___   ___ 9 ___

___ 88 ___   39 ___ ___   ___ ___ 40

___ 99 ___   ___ ___ 100   ___ 33 ___

d) Vergleichen von Zahlen ⮞ >, <, = (größer als, kleiner als, ist gleich)

Trage die Bedeutung der Zeichen ein. Schreibe auf die Zeilen.

< _____   > _____   = _____

Schreibe das richtige Zeichen in die einzelnen Kreise.

3 ◯ 9   27 ◯ 23   23 ◯ 53

22 ◯ 13   100 ◯ 99   100 ◯ 10

69 ◯ 81   12 ◯ 9   83 ◯ 63

e) Trage in die Tabelle ein (| = Zehner, ◯ = Einer, ☐ = Hunderter).

Zahlbild	Zahlenwort	Stellenwert	Zahl
|| ◯◯◯	dreiundzwanzig	2Z 3E	23
	vierundfünfzig		
			78
		1H 0Z 0E	

2. ÜBUNGSEINHEIT: STELLENWERT (EINER, ZEHNER, HUNDERTER)

f) Unterstreiche alle Ziffern und Wortteile:
– alle Zehner = rot   – alle Einer = grün   – alle Hunderter = blau

zweiundvierzig	= 42	neunundneunzig	= 99
zweiundzwanzig	= 22	einhundert	= 100
dreizehn	= 13	fünfunddreißig	= 35
vierundneunzig	= 94	vierzehn	= 14

g) Zehner und Einer

Beispiel: 49 = 40 + 9

17 = ☐ + ☐   40 + ☐ = 46   ☐ + 4 = 64
25 = ☐ + 20   53 = ☐ + 0   ☐ + ☐ = 77
60 + 3 = ☐   40 = ☐ + 6   ☐ + ☐ = 80

h) Wie heißen die Zahlen? Schreibe auf die entsprechenden Zeilen.

1H 0Z 0E _____   4Z 9E _____
2Z 2E _____   0Z 1E _____
3Z 5E _____   7Z 8E _____

i) Setze die Zahlenreihe fort.

16 ___ ___ ___ ___ 21 ___ ___ ___ ___

70 ___ ___ 73 ___ ___ ___ ___

60 ___ 68 ___ ___ ___ ___ ___

36 ___ ___ 66 ___ ___ ___

82 ___ 88 ___ ___ ___ ___

2. Übungseinheit: Stellenwert (Einer, Zehner, Hunderter)

j) Zahlendarstellung.

Zahlwort	H	Z	E	Ziffer	Zahlenzerlegung
zweiunddreißig		3	2	32	30 + 2 = 32
vierundfünfzig					
					20 + 30 + 9 =
achtundachtzig					

k) Trage die fehlenden Zahlen ein.

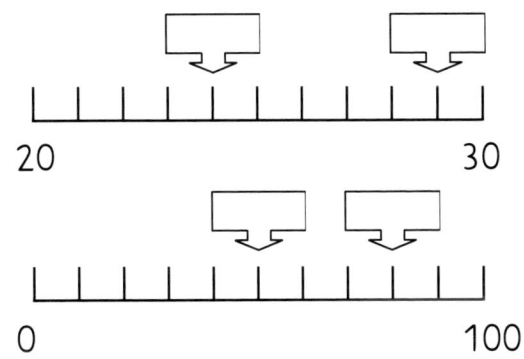
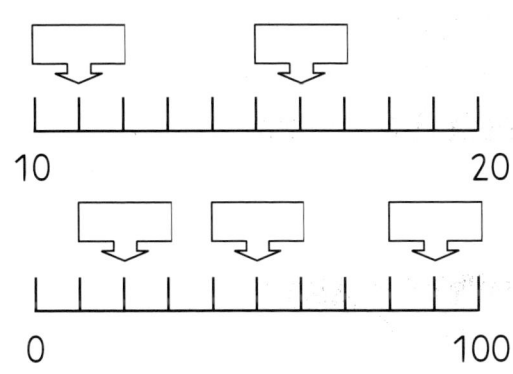

l) Eine Zahl passt nicht in die Reihe. Finde sie und streiche sie durch.
   Schreibe die richtige Zahl darüber.

22   23   24   25   62   27   28   29   30   31   32   33

2   4   6   8   10   12   14   61   18   20   22   24   26   28   30

0   10   20   30   04   50   60   70   80   90   100

32   35   37   41   44   47   50   53   56   59   62   65

40   45   50   35   60   65   70   75   80   85   90   95   100

82   83   84   85   86   87   88   89   80   91   92   93   94

12   dreizehn   14   fünfzehn   16   siebzig   achtzehn   19   20

einundsechzig   zweiundsechzig   63   vierundsechzig   56   66   67   achtundsechzig

2. Übungseinheit: Stellenwert (Einer, Zehner, Hunderter)

m) Zahlenrätsel

Welche Zahl im Hunderterfeld hat zwei Nullen? B ____

Welche Zahl hat 8 Zehner und keine Einer? A ____

Welche Zahl ist kleiner als 65 und größer als 63? D ____

Welche gesuchte Zahl hat 4 Zehner und halb so viele Einer? C ____

Welche Zahl ist um 5 kleiner als die Zahl 13? F ____

Welche Zahl hat zwei gleiche Zahlen, ist aber die Hälfte von 88? E ____

Welche Zahl hat 8 Einer und 2 Zehner? G ____

Die gesuchte Zahl ist um 12 kleiner als die Zahl 52. H ____

2. Übungseinheit: Stellenwert (Einer, Zehner, Hunderter)

n) Ergänze auf dem Zahlenstrahl bis zum nächsten vollen Zehner oder Hunderter. Du benötigst zwei verschiedene Farbstifte (rot, blau). Markiere immer die Strecke bis zum nächsten vollen Zehner blau und bis zum nächsten Hunderter rot.

Aufgabe: 3 + _____ = 10

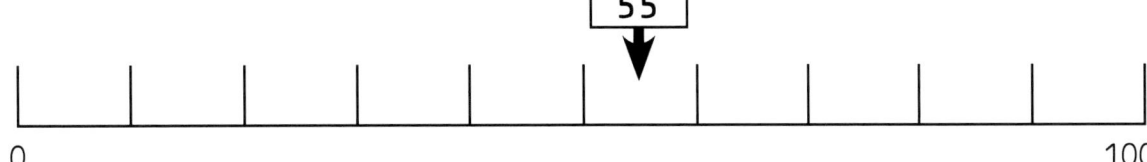

Aufgabe: 55 + _____ + _____ = 100

55 + _____ = 100

Aufgabe: 23 + _____ = 30

Aufgabe: 62 + _____ + _____ = 100

62 + _____ = 100

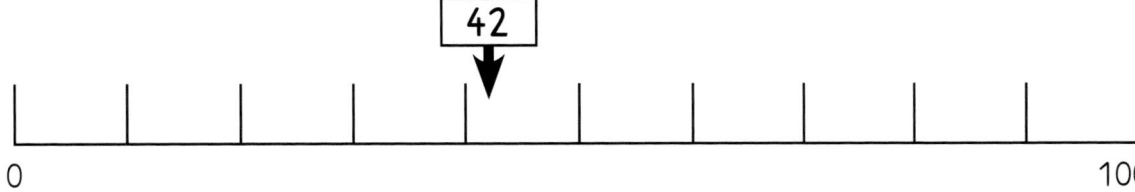

Aufgabe: 42 + _____ + _____ = 100

42 + _____ = 100

2. Übungseinheit: Stellenwert (Einer, Zehner, Hunderter)

o) Welche Zahl ist hinter dem Stern versteckt?

1		★				8		
11			★	16				★
21						★		
	43		★					
51								60
	★			66				
						★		
81			85					
		93						100

Ordne die ★ - Zahlen der Größe nach:

_____

p) Kennst du die Nachbarzahlen?

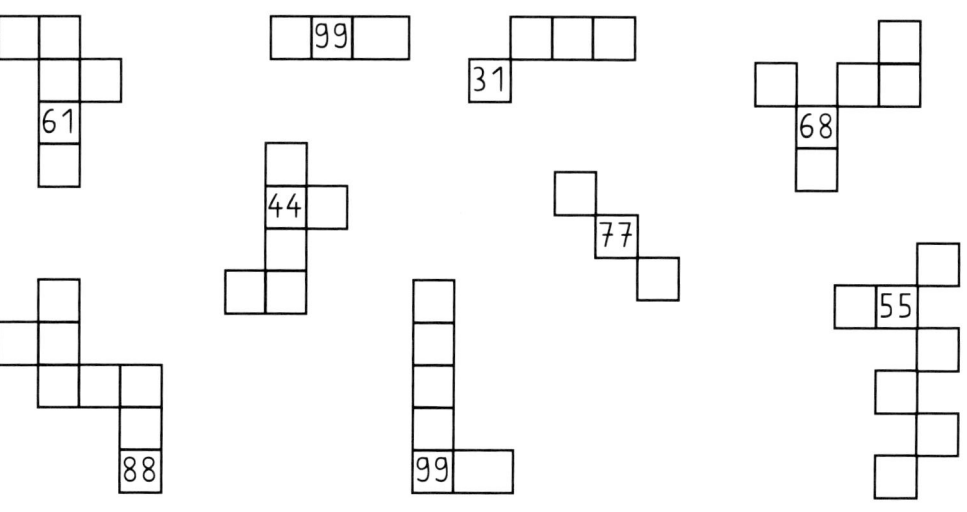

Seite 20

2. Übungseinheit: Stellenwert (Einer, Zehner, Hunderter)

Konzentrationsübung

q) Versuche die Zahlen 6 und 9 zu finden.
   Male die Zahl 6 jeweils gelb und die Zahl 9 jeweils grün aus.

Die Zahl 6 kommt _____-mal vor.

Die Zahl 9 kommt _____-mal vor.

Seite 21

2. Übungseinheit: Stellenwert (Einer, Zehner, Hunderter)

Wahrnehmungsübung

r) Ordne die Zahlen der Größe nach.
   Beginne mit der kleinsten Zahl.

9 1 5 11
   7
13

_____

5 11 0
   19
23 99 32

_____

99 89
100 43 54
21 10

_____

99 34
    55
4 67
78 12

_____

3. Übungseinheit: Addition und Subtraktion
(Zahlenraum bis 20)

a) Rechne und male (ohne Zehnerübergang).

a) 4 + ____ = 7   b) 8 + ____ = 10   c) 3 + ____ = 6

d) 5 + ____ = 9   e) 1 + ____ = 6   f) 6 + ____ = 9

g) ____ + 5 = 7   h) ____ + 2 = 10   i) ____ + 6 = 9

j) 3 + ____ = 10   k) ____ + 9 = 10   l) 6 + 3 = ____

m) 12 + 6 = ____   n) 11 + 5 = ____   o) 10 + ____ = 19

p) ____ + 5 = 20   q) 16 + 3 = ____   r) 12 + ____ = 19

s) ____ + 14 = 20   t) ____ + 11 = 16   u) ____ + 7 = 19

Seite 23

3. Übungseinheit: Addition und Subtraktion (Zahlenraum bis 10)

b) Rechnen mit Zehnerzahlen

| 20 | + | 30 | = | ☐ |

| 30 | + | 50 | = | ☐ |

| 60 | + | ☐ | = | 80 |

| ☐ | + | 50 | = | 90 |

| ☐ | + | 80 | = | 90 |

| 90 | + | 10 | = | ☐ |

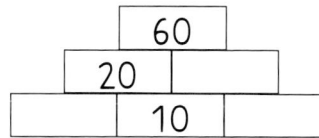
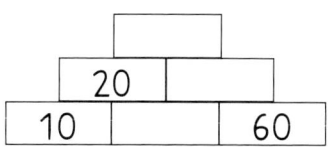
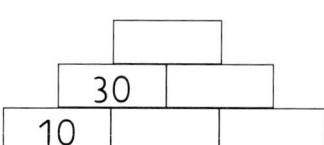

+	40	30	10
60			
40			
10			

−	30	50	20
60			
70			
90			

+	20	50	10
20			
40			
50			

−	10	50	30
60			
90			
70			

c) Rechnen mit Zehnerzahlen

3 + 4 = ____	2 + 7 = ____	6 − 2 = ____	7 − 3 = ____
13 + 4 = ____	12 + 7 = ____	16 − 2 = ____	17 − 3 = ____
33 + 4 = ____	42 + 7 = ____	26 − 2 = ____	47 − 3 = ____
63 + 4 = ____	72 + 7 = ____	56 − 2 = ____	77 − 3 = ____
93 + 4 = ____	32 + 7 = ____	96 − 2 = ____	97 − 3 = ____

3. Übungseinheit: Addition und Subtraktion (Zahlenraum bis 10)

d) Zerlege die Zahlen und bilde jeweils eine Plus- und eine Minusaufgabe.

Beispiel: 7 = 5 + 2
           7 = 10 − 3 usw.

5 = _____

12 = _____

10 = _____

18 = _____

99 = _____

9 = _____

23 = _____

30 = _____

e) Rechne in zwei Schritten.
Mache zuerst den nächsten Zehner voll.

Beispiel: 9 + 2 = __11__

           1 + 1 (zerlege die Zahl 2)

9 + ☐1 = __10__
10 + ☐1 = __11__

87 + 5 = _____
☐ + ☐ = _____
☐ + ☐ = _____

36 + 7 = _____   49 + 8 = _____   67 + 6 = _____
☐ + ☐ = _____   ☐ + ☐ = _____   ☐ + ☐ = _____
☐ + ☐ = _____   ☐ + ☐ = _____   ☐ + ☐ = _____

3. Übungseinheit: Addition und Subtraktion

f) Diesmal wird Minus gerechnet.

13 − 9 = _4_
[13] − [3] = 10
[10] − [6] = 4

23 − 9 = _____
☐ − ☐ = _____
☐ − ☐ = _____

45 − 8 = _____
☐ − ☐ = _____
☐ − ☐ = _____

66 − 8 = _____
☐ − ☐ = _____
☐ − ☐ = _____

72 − 7 = _____
☐ − ☐ = _____
☐ − ☐ = _____

84 − 9 = _____
☐ − ☐ = _____
☐ − ☐ = _____

g) Rechne und versuche das Lösungswort zu finden. Kreise jeweils den Buchstaben der richtigen Aufgabe ein und löse das gesuchte Wort.

30 + 60 = 100 E	40 − 20 = 20 E	50 + 40 = 80 H
30 + 60 = 90 R	40 − 20 = 10 O	50 + 40 = 90 C
80 − 50 = 40 T	70 + 30 = 100 E	60 − 50 = 30 U
80 − 50 = 30 H	70 + 30 = 90 A	60 − 50 = 10 N
10 + 80 = 70 L	20 − 10 = 10 Ö	30 + 70 = 90 M
10 + 80 = 90 K	20 − 10 = 1 P	30 + 70 = 100 N
90 − 60 = 30 I	40 + 30 = 60 H	
90 − 60 = 40 E	40 + 30 = 70 G	

geschafft ...

Lösungswort: ___ ___ ___ ___ ___ ___ ___ ___

h) Finde die Partnerzahl (= Ergänzungszahl) zur 10.

(6 / ___) (8 / ___) (1 / ___) (4 / ___) (9 / ___) (2 / ___) (3 / ___)

i) Wie viel fehlt auf 100?

24 + _____ = 100   8 + _____ = 100   43 + _____ = 100

12 + _____ = 100   51 + _____ = 100   48 + _____ = 100

3. Übungseinheit: Addition und Subtraktion

j) *Plusrechnen (Addition) mit Überschreitung. Male den Rechenweg.*

Beispielaufgabe:

27 + 22 = 49   Rechenweg: 27 + 20 + 2 = 49

21	22	23	24	25	26	27	28	29	30
31	32	33	34	35	36	37	38	39	40
41	42	43	44	45	46	47	48	49	50

78 + 19 = _____   Rechnung: _____

71	72	73	74	75	76	77	78	79	80
81	82	83	84	85	86	87	88	89	90
91	92	93	94	95	96	97	98	99	100

48 + 27 = _____   Rechnung: _____

41	42	43	44	45	46	47	48	49	50
51	52	53	54	55	56	57	58	59	60
61	62	63	64	65	66	67	68	69	70
71	72	73	74	75	76	77	78	79	80

33 + 58 = _____   Rechnung: _____

31	32	33	34	35	36	37	38	39	40
41	42	43	44	45	46	47	48	49	50
51	52	53	54	55	56	57	58	59	60
61	62	63	64	65	66	67	68	69	70
71	72	73	74	75	76	77	78	79	80
81	82	83	84	85	86	87	88	89	90
91	92	93	94	95	96	97	98	99	100

3. Übungseinheit: Addition und Subtraktion

36 + 45 = _____   Rechnung: _____

31	32	33	34	35	36	37	38	39	40
41	42	43	44	45	46	47	48	49	50
51	52	53	54	55	56	57	58	59	60
61	62	63	64	65	66	67	68	69	70
71	72	73	74	75	76	77	78	79	80
81	82	83	84	85	86	87	88	89	90

k) Minusrechnen (Subtraktion) mit Überschreitung. Markiere den Rechenweg.

Beispielaufgabe:

37 − 13 = 24   Rechenweg: 37 − 10 − 3 = 24

21	22	23	24	25	26	27	28	29	30
31	32	33	34	35	36	37	38	39	40

48 − 26 = _____   Rechenweg: _____

21	22	23	24	25	26	27	28	29	30
31	32	33	34	35	36	37	38	39	40
41	42	43	44	45	46	47	48	49	50

83 − 59 = _____   Rechenweg: _____

21	22	23	24	25	26	27	28	29	30
31	32	33	34	35	36	37	38	39	40
41	42	43	44	45	46	47	48	49	50
51	52	53	54	55	56	57	58	59	60
61	62	63	64	65	66	67	68	69	70
71	72	73	74	75	76	77	78	79	80
81	82	83	84	85	86	87	88	89	90

3. Übungseinheit: Addition und Subtraktion

91 − 65 = _____   Rechenweg: _____

21	22	23	24	25	26	27	28	29	30
31	32	33	34	35	36	37	38	39	40
41	42	43	44	45	46	47	48	49	50
51	52	53	54	55	56	57	58	59	60
61	62	63	64	65	66	67	68	69	70
71	72	73	74	75	76	77	78	79	80
81	82	83	84	85	86	87	88	89	90
91	92	93	94	95	96	97	98	99	100

37 − 19 = _____   Rechenweg: _____

1	2	3	4	5	6	7	8	9	10
11	12	13	14	15	16	17	18	19	20
21	22	23	24	25	26	27	28	29	30
31	32	33	34	35	36	37	38	39	40

3. Übungseinheit: Addition und Subtraktion

1) Die Summe soll immer 10 sein. Plus oder Minus? Jede Zahl darf nur einmal verwendet werden. Streiche durch.

Findest du 8 Aufgaben? _____ _____

_____ _____

_____ _____

_____ _____

Zahlen im Stern: 1, 9, 1, 6, 20, 2, 5, 4, 5, 3, 8, 7, 6, 1, 5, 2, 10, 15

3. Übungseinheit: Addition und Subtraktion

m) Addition und Subtraktion. Mache zuerst den nächsten Zehner voll (+) oder rechne bis zum nächsten Zehner zurück (−).

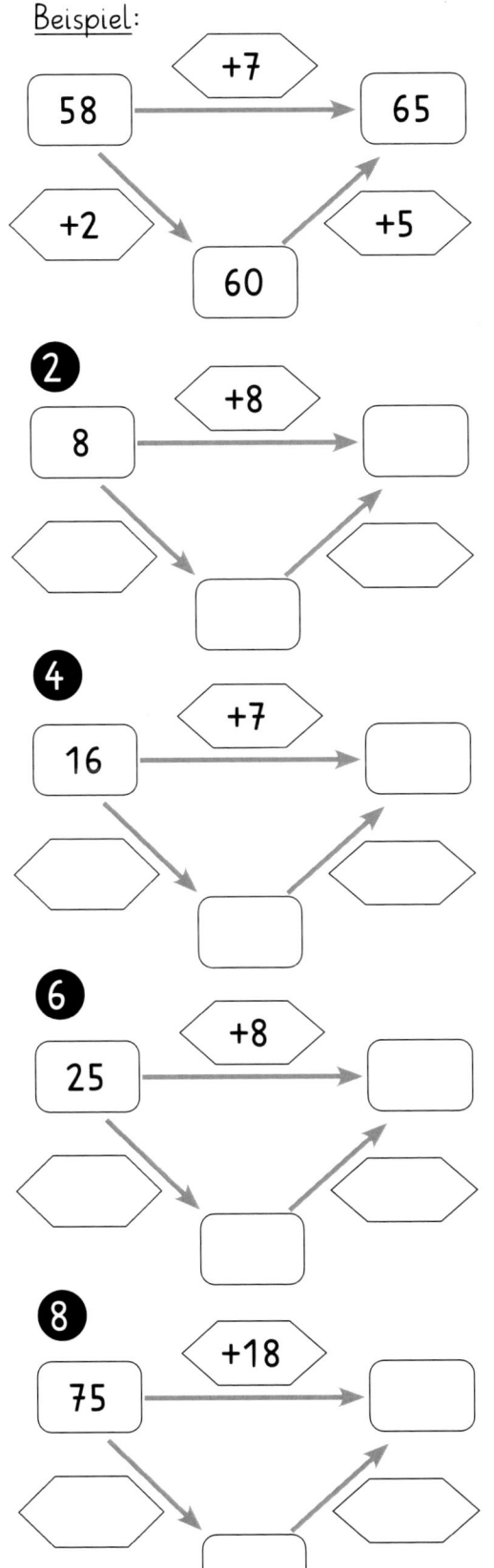
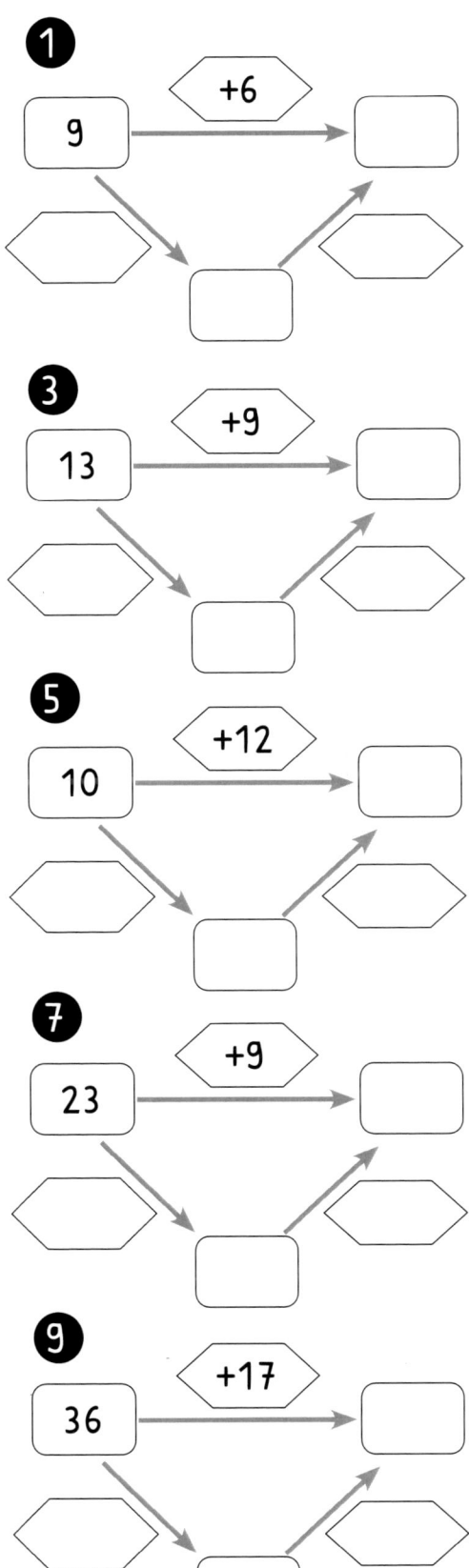

3. Übungseinheit: Addition und Subtraktion

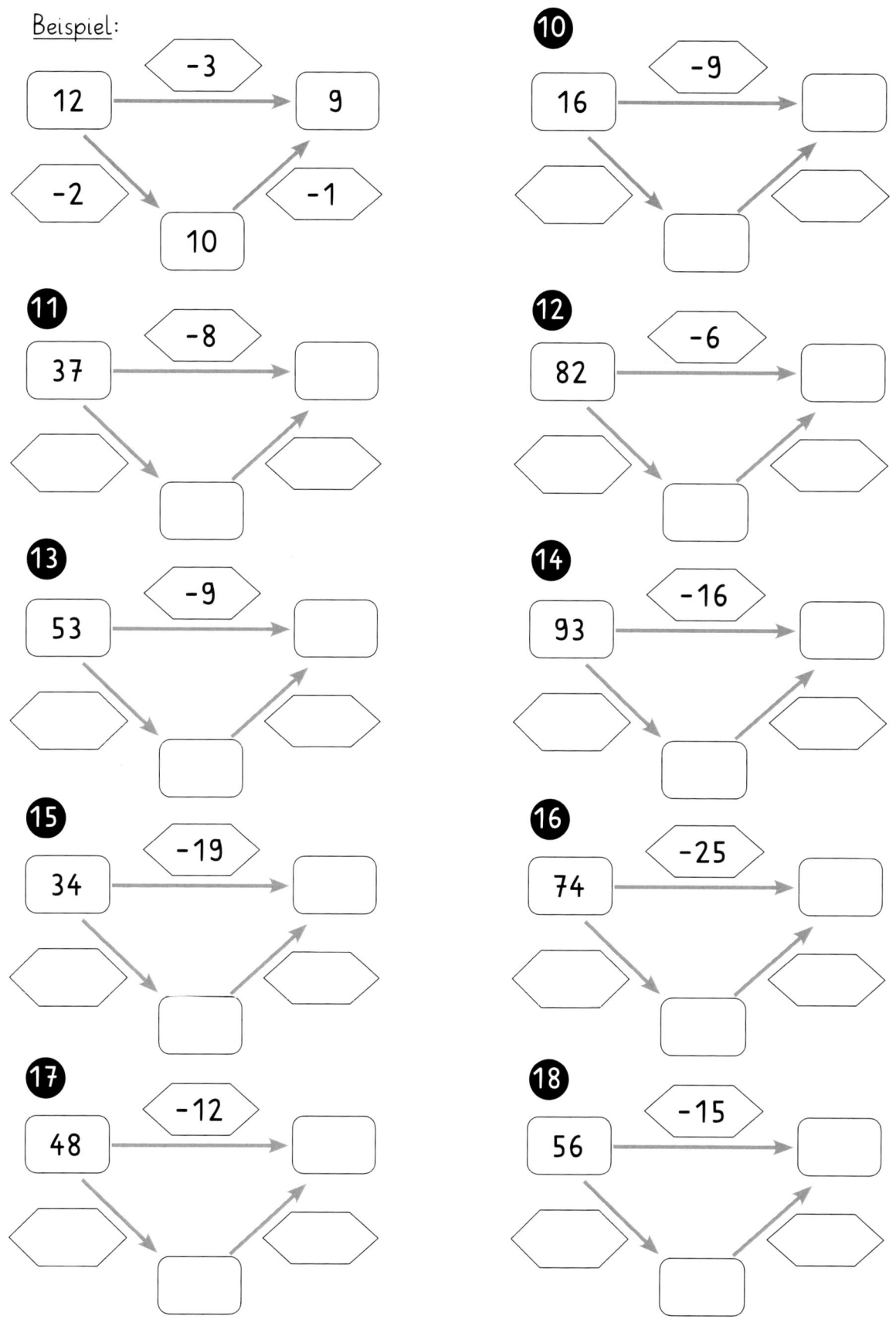

3. Übungseinheit: Addition und Subtraktion

n) Übungsaufgaben. Rechne. Du darfst auch deine Hundertertafel benutzen.

a) 33 + 45 = _____
b) 12 + 56 = _____
c) 4 + 87 = _____
d) 21 + 36 = _____
e) 19 + 71 = _____
f) 45 + 54 = _____
g) 67 + 23 = _____
h) 37 + 55 = _____
i) 78 + 16 = _____
j) 56 + 43 = _____

k) 66 − 13 = _____
l) 99 − 68 = _____
m) 23 − 16 = _____
n) 88 − 76 = _____
o) 43 − 38 = _____
p) 78 − 63 = _____
q) 58 − 46 = _____
r) 93 − 84 = _____
s) 100 − 96 = _____
t) 16 − 12 = _____

1	2	3	4	5	6	7	8	9	10
11	12	13	14	15	16	17	18	19	20
21	22	23	24	25	26	27	28	29	30
31	32	33	34	35	36	37	38	39	40
41	42	43	44	45	46	47	48	49	50
51	52	53	54	55	56	57	58	59	60
61	62	63	64	65	66	67	68	69	70
71	72	73	74	75	76	77	78	79	80
81	82	83	84	85	86	87	88	89	90
91	92	93	94	95	96	97	98	99	100

3. Übungseinheit: Addition und Subtraktion

Konzentrationsübung

Ordne jedem Bild die richtige Zahl zu. Addiere dann die Zahlen.
Kreuze das richtige Ergebnis an.

   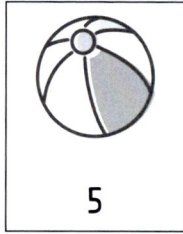 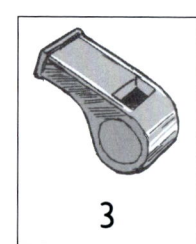

| 1 | 4 | 2 | 5 | 3 |

Ergebnis: | 70 | 71 | 72 |

3. Übungseinheit: Addition und Subtraktion

Wahrnehmungsübung

Spiegele folgende Figuren.

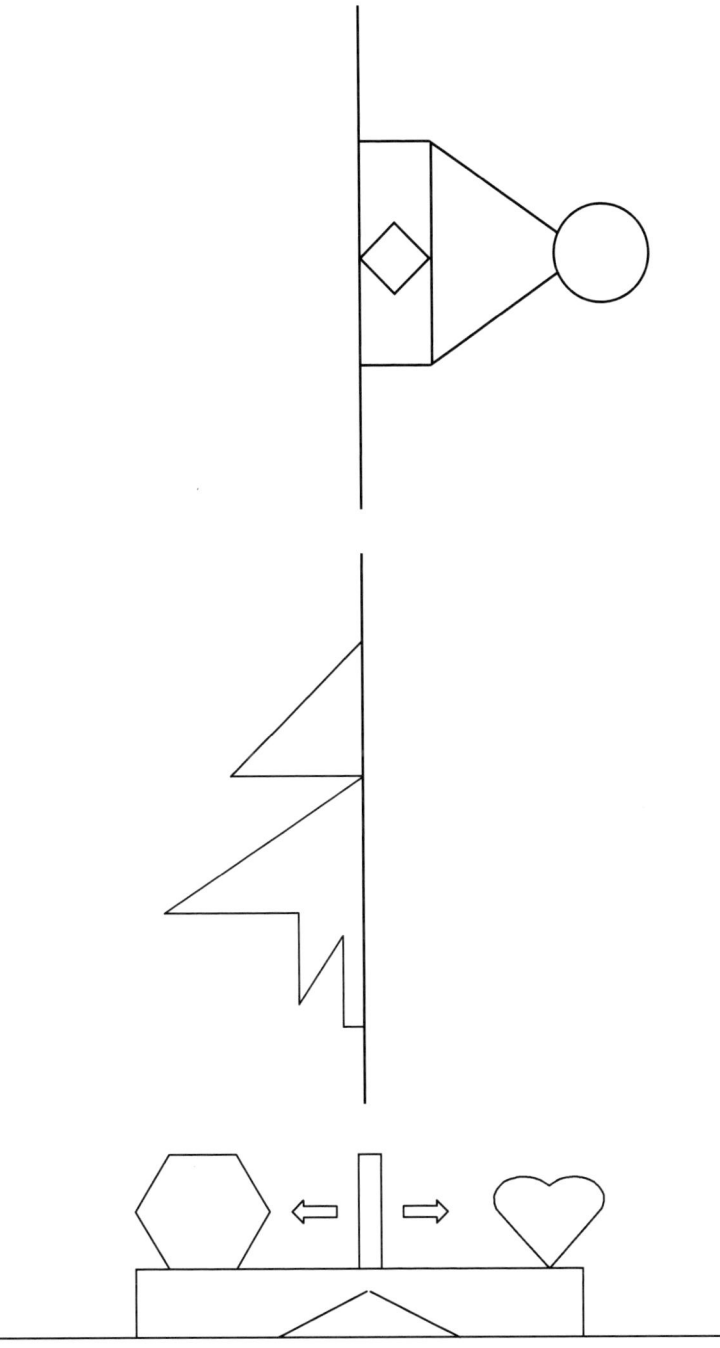

4. Übungseinheit: Multiplikation und Division

Multiplikation

a) Das kleine Einmaleins. Schreibe als Malaufgabe (Multiplikationsaufgabe).
   Aus Plus wird Mal.

Bsp.: 4 + 4 + 4 + 4 + 4 =   5 • 4 = 20

3 + 3 + 3 = 3 • _____ = _____

2 + 2 + 2 + 2 = _____

10 + 10 + 10 = _____

6 + 6 = _____

8 + 8 + 8 + 8 + 8 + 8 = _____

5 + 5 + 5 + 5 + 5 + 5 = _____

7 + 7 + 7 + 7 + 7 + 7 + 7 + 7 + 7 + 7 = _____

b) Finde die passende Malaufgabe (Multiplikationsaufgabe).

1._____   2._____   3._____

4._____   5._____   6._____

4. Übungseinheit: Multiplikation und Division

c) Was gehört zusammen? Verbinde und male in den gleichen Farben an.

- 6 • 8 =
- 3 + 3 + 3 + 3 + 3 + 3 + 3 + 3 + 3
- 5 • 7 =
- 8
- 27
- 5 + 5 + 5 + 5 + 5 + 5 + 5 + 5
- 3 • 7 =
- 7 + 7 + 7
- 56
- 36
- 9 • 3 =
- 5 + 5 + 5 + 5 + 5 + 5
- 2 • 4 =
- 21
- 4 + 4
- 6 • 5 =
- 40
- 7 + 7 + 7 + 7 + 7 + 7
- 4 • 9 =
- 8 + 8 + 8 + 8 + 8 + 8
- 42
- 6 • 6 =
- 10
- 48
- 7 • 8 =
- 10
- 9 + 9 + 9 + 9
- 6 • 7 =
- 30
- 36
- 8 • 5 =
- 35
- 8 + 8 + 8 + 8 + 8 + 8 + 8
- 1 • 10 =
- 6 + 6 + 6 + 6 + 6 + 6
- 7 + 7 + 7 + 7 + 7

4. Übungseinheit: Multiplikation und Division

d) Kreise ein.   – Dreierzahlen: blau
                 – Neunerzahlen: gelb

1	2	3	4	5	6	7	8	9	10
11	12	13	14	15	16	17	18	19	20
21	22	23	24	25	26	27	28	29	30
31	32	33	34	35	36	37	38	39	40
41	42	43	44	45	46	47	48	49	50
51	52	53	54	55	56	57	58	59	60
61	62	63	64	65	66	67	68	69	70
71	72	73	74	75	76	77	78	79	80
81	82	83	84	85	86	87	88	89	90
91	92	93	94	95	96	97	98	99	100

e) Einmaleinsaufgaben. Schreibe unten die Lösung auf.

8 • 6 = _____   7 • 7 = _____

4 • 5 = _____   6 • 4 = _____

8 • 7 = _____   5 • 6 = _____

7 • 3 = _____   3 • 3 = _____

8 • 4 = _____   8 • 5 = _____

5 • 9 = _____

Lösungswort:

_____

30 = O   45 = G
48 = L
56 = S   21 = U   24 = W
32 = N   20 = Ö
49 = S   9 = R
40 = T

4. Übungseinheit: Multiplikation und Division

f) Sachaufgaben zum kleinen Einmaleins.

1. Anita, Thomas, Roland und Anja geben ihren Ponys nach dem Reiten jeweils 5 Karotten. Wie viele Karotten haben sie für die Ponys gekauft?

Rechnung: _____

Antwort: _____

2. Karin und ihre vier Freundinnen spielen mit ihren Murmeln. Jedes der Mädchen hat 6 Murmeln. Wie viele Murmeln haben sie zusammen?

Rechnung: _____

Antwort: _____

3. Der Eintritt ins Schwimmbad kostet für jedes der 8 Kinder 4 Euro. Wie viel Geld müssen die Kinder zahlen?

Rechnung: _____

Antwort: _____

4. Werner isst an 3 Tagen in der Woche 8 Brezeln. Wie viele Brezeln muss er kaufen?

Rechnung: _____

Antwort: _____

5. Frau Maier gießt täglich 5 Liter Wasser auf ihr Gemüsebeet. Nach 2 Wochen möchte sie wissen, wie viel Wasser sie bereits verbraucht hat.

Rechnung: _____

Antwort: _____

6. Herr Huber pflanzt in sein Gemüsebeet 9 Tomatenpflanzen in eine Reihe. Insgesamt möchte er 8 Reihen bepflanzen. Wie viele Pflanzen muss er kaufen?

Rechnung: _____

Antwort: _____

4. Übungseinheit: Multiplikation und Division

g) *Ein Einmaleinsspiel.*

Du benötigst: ○ 3 Würfel ○ 1 Stift ○ 1 Blatt Papier

Spielbeschreibung:

Du kannst dieses Spiel mit mehreren Teilnehmern spielen. Jeder darf reihum einmal würfeln und dann seine beiden gewürfelten Punktezahlen multiplizieren. Das Ergebnis von jedem Teilnehmer wird in jeder Runde aufgeschrieben. Am Ende des Spiels werden alle Punkte zusammengezählt. Wer die meisten Punkte erreicht hat ist Sieger.

h) *Finde zu den Ergebnissen alle Malaufgaben (Multiplikationsaufgaben).*

24   21   32

_____   _____   _____

_____   _____   _____

_____   _____   _____

72   56   64

_____   _____   _____

_____   _____   _____

_____   _____   _____

36   48   81

_____   _____   _____

_____   _____   _____

_____   _____   _____

i) *Übungsaufgaben zum Einmaleins.*

•	3	8	5	7	2	6	4	9	1	10
2										
8										
7										

4. Übungseinheit: Multiplikation und Division

Division

j) Teile die Zuckerstücke gleichmäßig auf.

Beispiel:

An drei Pferde verteilen:

6 : 3 = 2
Jedes Pferd hat 2 Zuckerstücke.

An vier Pferde verteilen:

___ : ___ = ___
Jedes Pferd hat __ Zuckerstücke.

An zwei Pferde verteilen:

___ : ___ = ___
Jedes Pferd hat __ Zuckerstücke.

An fünf Pferde verteilen:

___ : ___ = ___
Jedes Pferd hat __ Zuckerstücke.

An acht Pferde verteilen:

___ : ___ = ___
Jedes Pferd hat __ Zuckerstücke.

An neun Pferde verteilen:

___ : ___ = ___
Jedes Pferd hat __ Zuckerstücke.

An drei Pferde verteilen:

___ : ___ = ___
Jedes Pferd hat __ Zuckerstücke.

An zehn Pferde verteilen:

___ : ___ = ___
Jedes Pferd hat __ Zuckerstücke.

An sieben Pferde verteilen:

___ : ___ = ___
Jedes Pferd hat __ Zuckerstücke.

4. Übungseinheit: Multiplikation und Division

k) Mal- und Geteiltaufgaben. Rechne.

<u>Beispielaufgabe</u>: 20 = __4__ • 5   20 : 5 = __4__

15 = ___ • 3   16 = ___ • 8   18 = ___ • 2

15 : 3 = ___   16 : 8 = ___   18 : 2 = ___

35 = ___ • 5   9 = ___ • 9   24 = ___ • 3

35 : 5 = ___   9 : 9 = ___   24 : 3 = ___

81 = ___ • 9   18 = ___ • 6   30 = ___ • 5

81 : 9 = ___   18 : 6 = ___   30 : 5 = ___

l) Mal- und Geteiltaufgaben. Rechne.

| Sie ist die Hälfte von 40. | Sie ist die Hälfte von 16. | Sie ist ein Viertel von 36. |

| Sie ist ein Drittel von der Zahl 27. | Sie ist das Dreifache von 4. | Sie ist der 3. Teil von der Zahl 15. | Sie ist das Zweifache von 7. |

| Sie ist der 10. Teil von 10. | Sie ist die Hälfte von 18. | Sie ist der 4. Teil von 20. |

| 12 | 9 | 20 | 1 | 9 | 5 | 14 | 5 | 8 | 9 |

m) Mal- und Geteiltaufgaben. Rechne.

<u>Beispielaufgabe</u>:   26 = 6 • 4 + 2   26 : 4 = 6 *Rest 2*

38 = 6 • ___ + 2   38 : 6 = ___ Rest ___   30 = ___ • 7 + 2   30 : 7 = ___ Rest ___

14 = ___ • 4 + ___   14 : 4 = ___ Rest ___   22 = ___ • 10 + 2   22 : 10 = ___ Rest ___

25 = ___ • 7 + ___   25 : 7 = ___ Rest ___   54 = ___ • 8 − 2   54 : 8 = ___ Rest ___

4. Übungseinheit: Multiplikation und Division

n) Trage in die Perlenschnur die richtigen Zahlen ein.

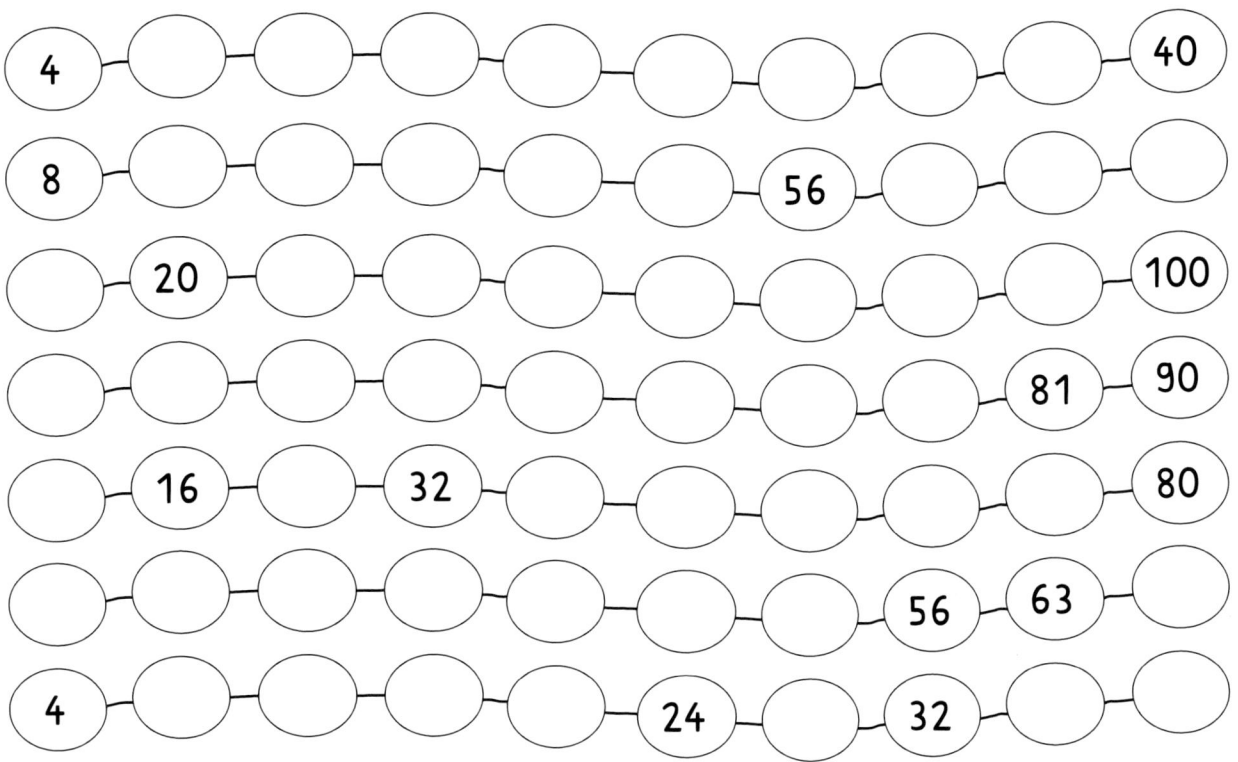

o) Trage in die Tabelle die richtigen Zahlen ein.

Hälfte	Zahl	Doppelte
24		
	38	
		44
22		
	14	
		100
	32	

4. Übungseinheit: Multiplikation und Division

p) Verbinde die einzelnen Einmaleinsaufgaben.

| 2 | 10 | 5 | 1 | 4 | 7 | 3 | 6 | 9 | 8 |

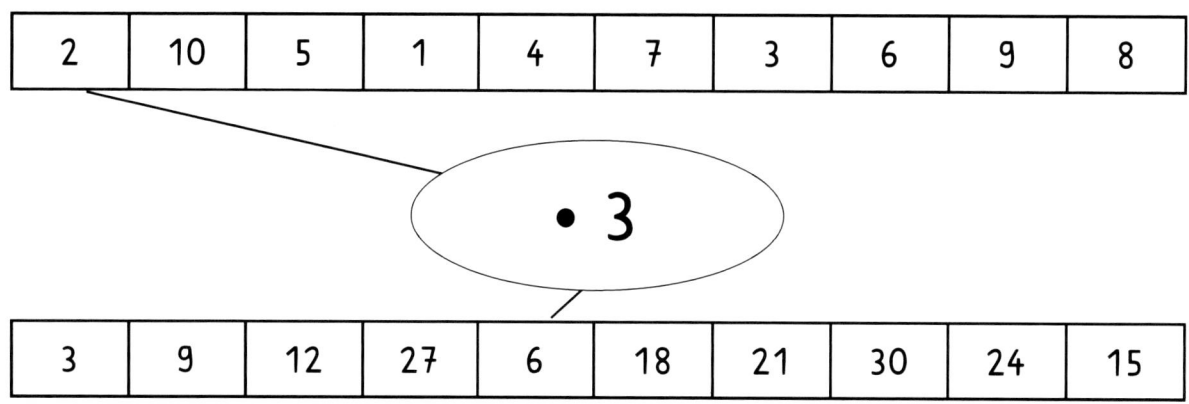

| 3 | 9 | 12 | 27 | 6 | 18 | 21 | 30 | 24 | 15 |

| 9 | 4 | 10 | 6 | 1 | 5 | 8 | 7 | 3 | 2 |

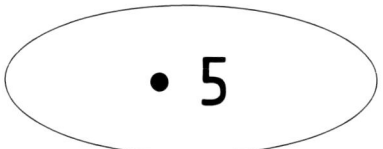

| 15 | 25 | 45 | 5 | 40 | 50 | 30 | 20 | 10 | 35 |

| 10 | 3 | 5 | 9 | 7 | 1 | 4 | 8 | 2 | 6 |

• 8

| 72 | 64 | 24 | 56 | 8 | 32 | 48 | 16 | 40 | 80 |

4. Übungseinheit: Multiplikation und Division

q) Kreise alle richtigen Zahlen ein.

teilbar duch 4

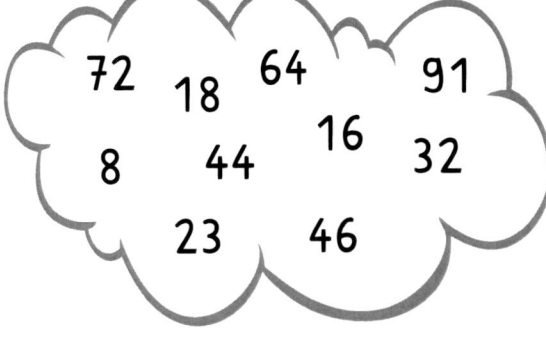

teilbar duch 8

teilbar duch 5

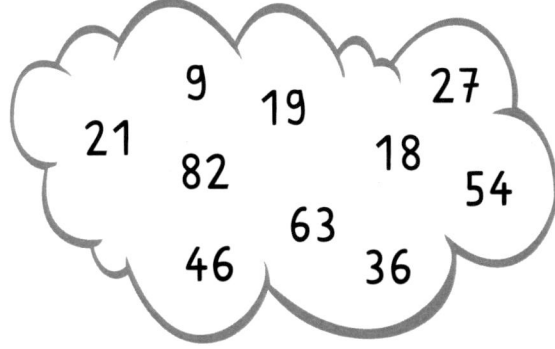

teilbar duch 9

teilbar duch 3

teilbar duch 7

r) Suche Quadrataufgaben.

(81)   (4)   (100)   (25)

_____   _____   _____   _____

4. Übungseinheit: Multiplikation und Division

Konzentrationsübung

Wir spielen das Spiel Kofferpacken.
Versuche dir möglichst alle Bilder der Reihe nach zu merken und schreibe sie der Reihe nach auf die Zeilen der nächsten Seite.

Ich packe in meinen Koffer ...

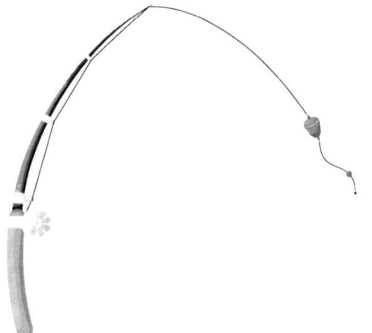 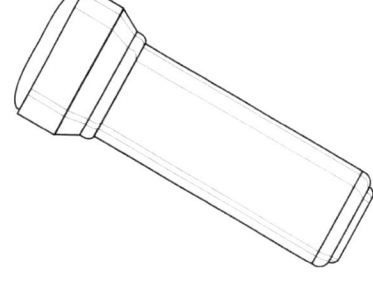 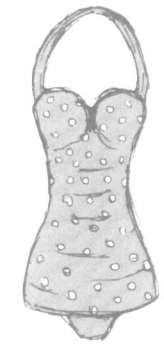

Angel   Taschenlampe   Badeanzug

  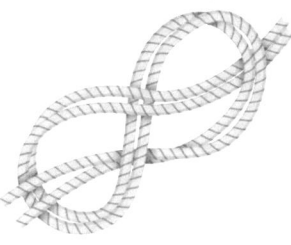

Sonnenbrille   Unterhose   Seil

  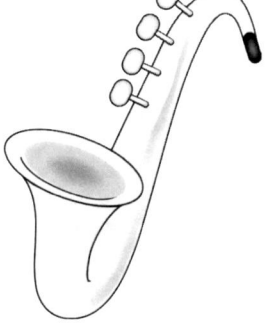

Paddel   Zeitung   Saxophon

4. Übungseinheit: Multiplikation und Division

Schreibe hier die Dinge in der richtigen Reihenfolge auf.

_____   _____

_____   _____

_____   _____

_____

Wahrnehmungsübung

Finde die Zahlenreihen. Markiere sie rot. Sie können vorwärts oder rückwärts versteckt sein. Trage dann ein, wie oft die Zahlenreihe vorgekommen ist.

764	89476401234670123597464671345965417649832123	=
09345	12093655439087619000934509345568798100123546	=
12347	23467812346678974321980123497432812347009874531	=
23	32233223322333232322323322333232233323332322	=
696	96969696969867966969696996969696978969996696	=
1341	34134134134113411341143114311431134113411431143	=
8	080808080008080008080008080008080800808008080	=
0009690	00069600000096900969000096900969000000999090690	=

Seite 47

5. ÜBUNGSEINHEIT: SACHAUFGABEN

a) Lösungsstrategien für Text- und Sachaufgaben

 Lies die Textaufgabe stets genau durch (wenn nötig, auch mehrmals).

 Unterstreiche im Text alle Zahlen, die für die Rechnung wichtig sind. Achte auf Schlüsselwörter (vermindern, vervielfachen, Doppelte ...) und schreibe über Schlüsselwörter das entsprechende Rechenzeichen.

 Finde eine Frage. Worum geht es? Was ist gesucht?

 Rechne die Aufgabe.

 Kontrolliere die Rechnung. Kann das Ergebnis stimmen (logisch)? Schreibe eine passende Antwort zur Frage.

b) Hier lernst du wichtige Rechenzeichen.

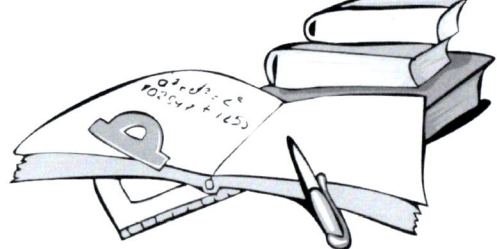

+	−	=	•	:
ADDITION Plusaufgabe	**SUBTRAHIEREN** Minusaufgabe	**ERGEBNIS**	**MULTIPLIKATION** Malaufgabe	**DIVISION** Geteiltaufgabe
addieren zusammenzählen ist größer als hinzufügen	subtrahieren abziehen ist kleiner als	ist gleich Vergleich	multiplizieren vervielfachen das ...fache	dividieren teilen der ... Teil von
Summe (= Ergebnis einer Plusaufgabe)	Differenz (= Ergebnis einer Minusaufgabe)		Produkt (= Ergebnis einer Malaufgabe)	Quotient (= Ergebnis einer Geteiltaufgabe)

5. Übungseinheit: Sachaufgaben

c) *Ordne die richtigen Rechenzeichen zu. Verbinde.*

- ... zähle 333 dazu
- ... wegnehmen ...
- ... das Ergebnis ist ...
- ... addiere die Zahlen
- verdopple die Zahl 5 ...
- berechne das Fünffache ...
- ... gleich viele ...
- dividiere die Zahlen 8 und 4

| = | + | − | : | • | < | > |

- vervielfache die Zahl ...
- subtrahiere ...
- ... der 2. Teil von ...
- ... kommt dazu ...
- berechne die Differenz ...
- ... wird um 3 weniger ...
- ... größer als ...
- ... doppelt so viele ...
- ... kommt dazu ...
- ... wird um 5 mehr ...
- ... mehr als ...

5. ÜBUNGSEINHEIT: SACHAUFGABEN

d) Male und berechne folgende Sachaufgabe. Denke an die Lösungsstrategien.

Aufgabe 1:

Am Königssee kostet eine Fünferkarte für die Sommerrodelbahn 15 Euro. Joachim fährt dreimal und seine Schwester Martina fährt zweimal mit dieser Karte. Eine Einzelfahrt würde 4 Euro kosten. Wie viel spart jeder, wenn sie sich die Fünferkarte aufteilen?

Rechnung:

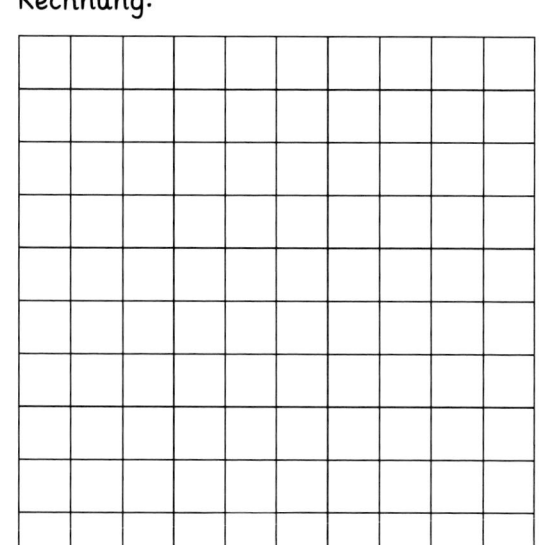

Aufgabe 2:

5 Schulkinder haben sich Ansichtskarten gekauft. Die Schüler haben jeweils 3 oder 5 Karten gekauft. Zusammen haben sie 19 Stück.

Rechnung:

5. Übungseinheit: Sachaufgaben

e) Finde eine passende Frage. Überlege dann, welche Aufgabe zu welchem Text passt. Male in der gleichen Farbe an.

Tom hat 56 Euro gespart. Er bekommt von seiner Tante 9 Euro.	Harry kauft sich für vierzehn Euro ein Spiel. Er hat fünfundzwanzig Euro gespart.
Frage: _____ ?	Frage: _____ ?
Eva und Tina teilen das Geldgeschenk von Oma auf. Es sind insgesamt 36 Euro.	Tim möchte sich ein Computerspiel für sechsundachtzig Euro kaufen. Er hat zweiunddreißig Euro.
Frage: _____ ?	Frage: _____ ?
Berechne den Eintrittspreis für 9 Kinder, die ins Kino gehen wollen. Der Preis für ein Kind beträgt 8 Euro.	Lena hat drei Bälle, Luise hat fünf Bälle und Felix hat drei weniger als Luise.
Frage: _____ ?	Frage: _____ ?
Melanie hat vier Hosen und acht Oberteile. Sie will die Kleider kombinieren.	Vergleiche die Summe der Zahlen 35 und 27 sowie die Differenz der Zahlen 76 und 67.
Frage: _____ ?	Frage: _____ ?

5 − 3 = 3 + 5 + 2 =	86 − 32 =	35 + 27 = 76 − 67 =	36 : 2 =
56 + 9 =	4 • 8 =	9 • 8 =	25 − 14 =

5. Übungseinheit: Sachaufgaben

f) *Wir finden Rechenwörter. Suche nach Wörtern, die dir sagen, wie du rechnen sollst. Schreibe die entsprechenden Rechenzeichen in die Kreise.*

Aufgabe 1:
○ Armin hat Geburtstag. Für seine acht Freunde kauft er je vier farbige Luftballons. Wie viele Luftballons muss er dafür kaufen?

Plus? Mal? Minus? ... oder Geteilt?

Aufgabe 2:
○ Hanna kauft eine Tüte mit 30 Bonbons. Ihr Bruder Paul isst ihr 14 weg. Wie viele Bonbons bleiben Hanna übrig?

Aufgabe 3:
○ Für eine Theateraufführung in der Schule soll es 81 Sitzplätze geben. Der Direktor sagt, dass immer 9 Schüler in einer Reihe sitzen sollten. Wie viele Stuhlreihen werden für diese Aufführung benötigt?

Aufgabe 4:
○ Petra möchte sich ein Skateboard kaufen. Dieses kostet 86 Euro. Dafür leert sie ihre beiden Sparbüchsen aus. Die Summe der beiden Büchsen ergibt 43 Euro. Wie viele Euro Differenz hat Petra noch?

Aufgabe 5:
○ Wie groß ist der fünfte Teil von Einhundert?

Aufgabe 6:
Schreibe nun selbst eine Rechengeschichte:

○ _____

_____

_____

5. Übungseinheit: Sachaufgaben

g) Rechenrallye.

Start: **15** → addiere die Zahl 5 → ☐

→ dividiere die Zahl mit 4 → ☐ → multipliziere die Zahl mit 6

→ ☐ → zähle die Summe der Zahlen aus 17 und 23 dazu → ☐

→ nimm davon die Zahl 14 weg → ☐ → teile das Ergebnis mit der Zahl 7

→ ☐ → verdopple nun diese Zahl und ziehe 1 ab → ☐

Meine Zahl heißt: _____

GESCHAFFT ....

5. ÜBUNGSEINHEIT: SACHAUFGABEN

h) *Richtig oder Falsch? Rechne nach und trage ein.*

✓ = richtig   f = falsch

- Für eine Theatervorstellung sollen 53 Stühle aufgestellt werden. 36 Karten für die Vorstellung wurden verkauft.
  <u>Antwort</u>: Es hätten noch 18 Personen einen Platz im Saal.

- Pauline möchte ihre Urlaubstage aufbrauchen. Von 34 Urlaubstagen hat sie schon 17 erhalten. Gerne würde sie noch für 14 Tage in den Urlaub fahren.
  <u>Antwort</u>: Sie hat noch 16 Tage Urlaub übrig.

- Die Monate Januar und November haben je 30 Tage.
  <u>Antwort</u>: Zusammen sind dies 60 Tage.

- In der Pause werden 34 Orangensäfte verkauft. Leider wurden 7 Säfte zu viel bestellt und wieder zurückgegeben.
  <u>Antwort</u>: Es müssen 27 Orangensäfte bezahlt werden.

- Mutter kauft Maria 7 Gelstifte, 3 blaue Buntstifte und 6 orange Buntstifte. Da sie aber nur 4 orange Stifte und 1 blauen Stift benötigt, gibt sie den Rest wieder zurück.
  <u>Antwort</u>: Die Mutter zahlt 12 Stifte.

- Tante Gabi schenkt ihrer Nichte Johanna einen CD-Spieler für 53 Euro. Auch ihr Bruder Johannes bekommt ein Radio für 27 Euro.
  <u>Antwort</u>: Die Tante zahlt 79 Euro.

- Eine Hose kostet 17 Euro. Jan hat 36 Euro gespart. Er möchte sich 2 Hosen für sein Geld kaufen.
  <u>Antwort</u>: Er zahlt 36 Euro für die Hosen.

- Johanna bestellt für 6 Mädchen je 2 Poster. Ein Poster kostet 2 Euro.
  <u>Antwort</u>: Johanna zahlt 24 Euro.

- Peter hat 5 Murmeln, Paul hat 7 Murmeln, Johanna hat 6 Murmeln, Kati hat 3 mehr als Peter und Jana hat 4 mehr als Paul.
  <u>Antwort</u>: Zusammen spielen die Kinder mit 37 Murmeln.

Seite 54

6. Übungseinheit: Rechnen mit Grössen

Das merke ich mir:
1 Meter (m) = 100 Zentimeter (cm)
1 m = 100 cm

a) Wie viel fehlt? Rechne bis zu 1 Meter.

5 cm	15 cm	30 cm	43 cm	17 cm	88 cm	61 cm	83 cm	93 cm	3 cm

b) Wie lange schätzt du diese Linien? Schätze erst, dann miss nach.
Lege dein Lineal immer so an, dass die Null genau am Anfang der Linie ist.

geschätzt: gemessen:

_____ mm _____ mm

_____ mm _____ mm

_____ mm _____ mm

_____ mm _____ mm

c) Immer 50 cm.

85 cm − ☐ cm = 50 cm
45 cm + ☐ cm = 50 cm
88 cm − ☐ cm = 50 cm
13 cm + ☐ cm = 50 cm
71 cm − ☐ cm = 50 cm
42 cm + ☐ cm = 50 cm

Immer 80 cm.

12 cm + ☐ cm = 80 cm
99 cm − ☐ cm = 80 cm
32 cm + ☐ cm = 80 cm
46 cm + ☐ cm = 80 cm
8 cm + ☐ cm = 80 cm
53 cm + ☐ cm = 80 cm

6. Übungseinheit: Rechnen mit Grössen

d) Zeichne nun selbst folgende Längen.

- 1 cm
- 9 cm
- 14 cm
- 19 cm

e) Eine Schnecke legt folgende Strecke zurück. Miss genau und zähle zusammen.

Beginn:

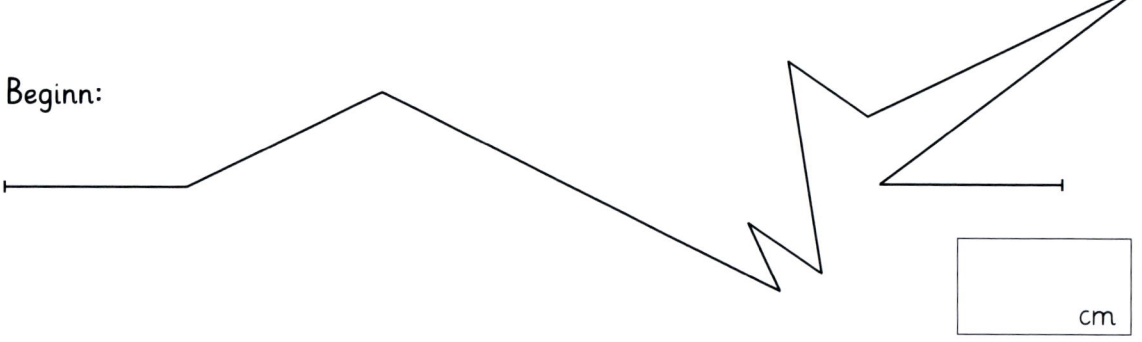

cm

f) Löse die folgenden Sachaufgaben.

1. Frau Maier besitzt ein Strickgeschäft. Auf Bestellung strickt sie verschiedene Kleidungsstücke, wie Schal, Mütze, Handschuhe oder Socken. Für eine Kundin soll sie einen Schal mit der Länge 2 Meter und 50 cm stricken. An einem Tag schafft Frau Maier 25 cm.

Frage: _____

Rechnung: _____

Antwort: _____

2. Eine Schnecke kriecht des Weges. In der Minute schafft sie genau 5 Zentimeter. Es sind noch 2 Meter bis zum Rasenende.

Frage: _____

Rechnung: _____

Antwort: _____

Seite 56

7. Übungseinheit: Rechnen mit Geld

Das merke ich mir:
1 Euro (€) = 100 Cent (ct)
1 € = 100 ct

a) Male auf, welche Geldscheine und Geldstücke (Euro, Cent) für die folgenden Beträge benötigt werden.

6,49 € =

5,40 € =

8,49 € =

33,90 € =

b) Preise kann man auch mit Komma schreiben.
Vor dem Komma stehen Euro (€) und hinter dem Komma stehen Cent (ct).

1 € 65 ct = 1,65 €   7 € 34 ct = _____   0 € 23 ct = _____

3 € 32 ct = _____   10 € 11 ct = _____   23 € 32 ct = _____

5 € 66 ct = _____   3 € 6 ct = _____   10 € 0 ct = _____

c) Schreibe ohne Komma.

4,23 € = ____ € ____ ct   0,36 € = ____ € ____ ct   50,34 € = ____ € ____ ct

0,30 € = ____ € ____ ct   0,02 € = ____ € ____ ct   5,02 € = ____ € ____ ct

1,51 € = ____ € ____ ct   3,33 € = ____ € ____ ct   6,72 € = ____ € ____ ct

7. Übungseinheit: Rechnen mit Geld

d) Urlaubsrätsel. Maria, Nik und Markus wollen in den Urlaub fahren. Dafür brauchen sie noch ein paar Dinge. Was könnten die Kinder eingekauft haben? Jeder hat von der Mutter etwas Geld bekommen.

75 ct   34 €   5 € 50 ct   4 € 50 ct   14 € 20 ct   7 €

22 €   12 €   9 € 23 ct

Maria kauft für 68 € 75 ct ein:	Nik kauft für 27 € 93 ct ein:	Markus kauft für 76 € 45 ct ein:

e) Wie viel Geld hat jeder in seinem Sparschwein? Wie viel Geld haben alle zusammen? Zähle genau.

Beate   Timo   Ingrid

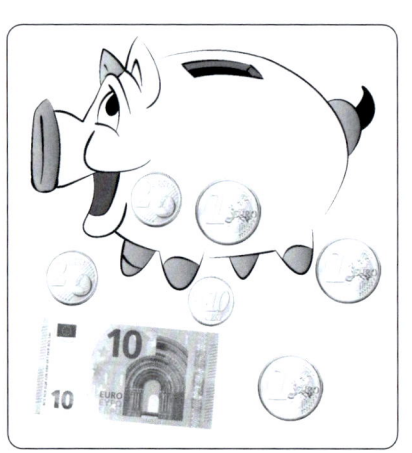

Beate   Timo   Ingrid

8. Übungseinheit: Die Uhr

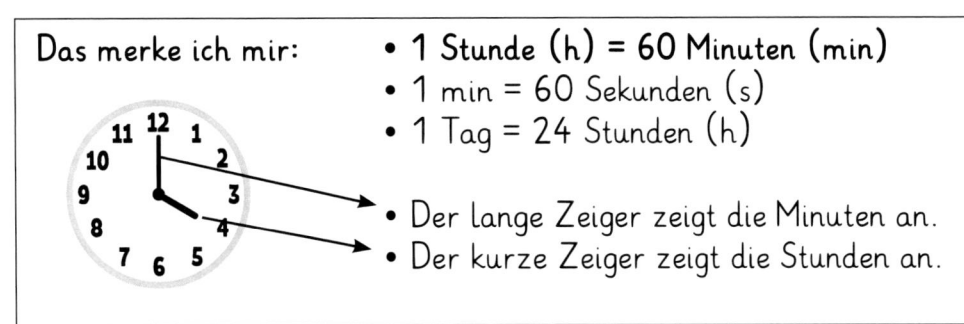

Das merke ich mir:
- 1 Stunde (h) = 60 Minuten (min)
- 1 min = 60 Sekunden (s)
- 1 Tag = 24 Stunden (h)

- Der lange Zeiger zeigt die Minuten an.
- Der kurze Zeiger zeigt die Stunden an.

a) Trage die vollen Stunden ein.

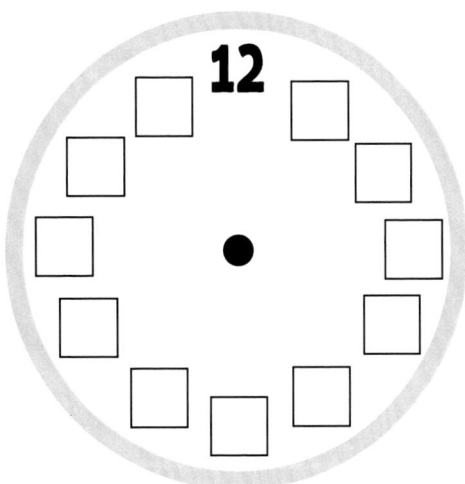

b) Zeichne die fehlenden Stunden- und Minutenzeiger ein.

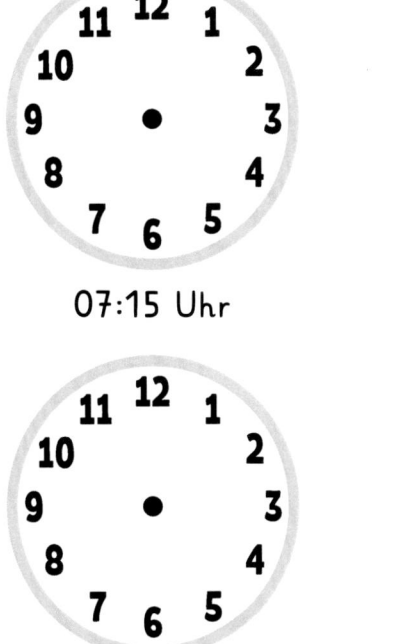

12:00 Uhr   07:15 Uhr   10:45 Uhr

06:30 Uhr   02:50 Uhr   8:30 Uhr

8. ÜBUNGSEINHEIT: DIE UHR

c) Carmen erzählt ihrer Oma vom Sommerfest in der Schule. Jedoch bringt sie die Uhrzeiten der einzelnen Aktivitäten durcheinander. Ordne die Uhrzeiten der Reihe nach.

Sackhüpfen:	11:00 Uhr	Wettrennen:	10:45 Uhr
Clownvorstellung:	15:00 Uhr	Kinderschminken:	12:15 Uhr
Ponyreiten:	9:30 Uhr	Hüpfburg:	14:20 Uhr
Losstand:	11:40 Uhr	Buttonmaschine:	16:00 Uhr

1. _____

2. _____

3. _____

4. _____

5. _____

6. _____

7. _____

8. _____

d) Findest du die passende Uhrzeit? Ordne und verbinde.

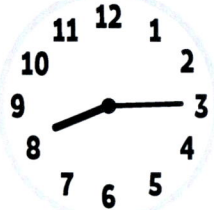

Seite 60

9. Übungseinheit: Sachaufgaben (Länge, Zeit und Geld)

a) *Erstelle die Fragen, Rechnungen und Antworten zu folgenden Sachaufgaben.*

1. Im Urlaub macht Tim mit seinem Bruder und seinen Eltern einen Ausflug. Für alle zusammen kostet der Ausflug 30 Euro. Für die beiden Kinder kostet der Ausflug die Hälfte.

   Frage: _____

   Rechnung: _____

   Antwort: _____

2. Lina möchte insgesamt 100 g Datteln kaufen. Die Verkäuferin hat bereits 32 g auf der Waage.

   Frage: _____

   Rechnung: _____

   Antwort: _____

3. Ein Brett ist 76,23 cm lang. Nachdem Herr Müller ein Stückchen abgeschnitten hat, ist das Brett noch 13,46 cm lang.

   Frage: _____

   Rechnung: _____

   Antwort: _____

4. Lisa, Martina, Lucia und Benn spielen mit ihren Glasmurmeln. Lisas Kugel rollt 10 cm, Martinas Kugel 33 cm, Lucias Kugel 22 cm und Benns Kugel rollt um 14 cm weniger weit als Martinas Glaskugel.

   Frage: _____

   Rechnung: _____

   Antwort: _____

9. Übungseinheit: Sachaufgaben (Länge, Zeit und Geld)

5. Judiths Katze war bei der Geburt 15 cm lang. Nun ist sie 3x so lang geworden.

   Frage: _____

   Rechnung: _____

   Antwort: _____

6. Ein 6er-Pack Schreibhefte kostet 3,60 Euro, ein 12er-Pack kostet 7,80 Euro. Lilly möchte preisgünstig 24 Schreibhefte kaufen.

   Frage: _____

   Rechnung: _____

   Antwort: _____

7. Eine Kindergärtnerin besorgt für ihre Kinder 27 Lutscher. Ein Lolli kostet 0,10 Cent.

   Frage: _____

   Rechnung: _____

   Antwort: _____

8. Beim Weitsprungwettbewerb schaffte Judith 2 Meter und 23 cm. Timo sprang um 22 cm weiter als Judith.

   Frage: _____

   Rechnung: _____

   Antwort: _____

9. 15 g Erdnüsse kosten 0,23 Euro. Sabine möchte 90 g Erdnüsse kaufen.

   Frage: _____

   Rechnung: _____

   Antwort: _____

10. Übungseinheit: Abschlusstest

Note:

Nun hast du insgesamt 30 Minuten Zeit, um die folgenden Aufgaben zu bearbeiten.

Name: _____ Datum: _____

Maximal erreichbare Punktzahl: 125   Von dir erreichte Punktzahl: _____

•••

a) Trage das Ergebnis, die Umkehraufgabe und die Tauschaufgabe ein.

	Umkehraufgabe	Tauschaufgabe
35 : 7 = _____	_____	_____
18 : 9 = _____	_____	_____
24 : 6 = _____	_____	_____
64 : 8 = _____	_____	_____
56 : 7 = _____	_____	_____
32 : 4 = _____	_____	_____

_____ von 18 möglichen Punkten

b) Wie viel Geld fehlt noch?

23 ct + ☐ = 86 ct   34 ct + ☐ = 1 €

☐ − 13 ct = 65 ct   ☐ + 18 € = 99 €

1 € = 41 ct + ☐ ct   92 ct − ☐ = 3 ct

☐ − 24 ct = 46 ct   ☐ + 24 € = 87 €

_____ von 8 möglichen Punkten

Seite 63

10. Übungseinheit: Abschlusstest

c) Turmaufgaben. Achte genau darauf, wie du rechnen musst.

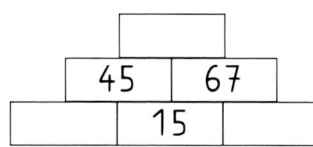
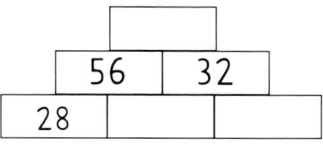
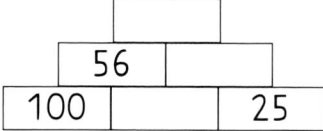

☐ - Aufgabe   ☐ - Aufgabe   ☐ - Aufgabe

____ von 13 möglichen Punkten

d) Rechne möglichst vorteilhaft.

15 + 8 = _____   36 + 46 = _____   87 + 13 = _____

35 + 12 = _____   54 − 9 = _____   69 + 12 = _____

22 + 21 = _____   66 − 37 = _____   84 − 56 = _____

44 + 16 = _____   54 − 16 = _____   95 − 18 = _____

____ von 12 möglichen Punkten

e) Löse die folgende Sachaufgabe.

Jana und ihr Bruder Jakob haben zusammen 40 € gespart.
Jakob hat 16 € mehr gespart als Jana.

Frage: _____

Rechnung: _____

Antwort: _____

____ von 4 möglichen Punkten

Seite 64

10. Übungseinheit: Abschlusstest

f) *Finde den Zehnernachbarn.*

	21	
	12	
	34	

	27	
	90	
	47	

	98	
	81	
	66	

_____ von 18 möglichen Punkten

g) *Wie heißt die Zahl?*

neununddreißig = _____   vierundneunzig = _____

zweiundsechzig = _____   fünfundachtzig = _____

sechsundzwanzig = _____   dreizehn = _____

achtundvierzig = _____   fünfundsiebzig = _____

_____ von 8 möglichen Punkten

h) *Löse die folgende Sachaufgabe.*

Die gesuchte Zahl ist eine gerade Zahl. Die Zehnerziffer ist doppelt so groß wie die Einerziffer. Die Zahl ist größer als die Zahl 75.

Die gesuchte Zahl heißt: _____

_____ von 4 möglichen Punkten

i) *Führe die Zahlenreihe fort.*

22, ___, 26, ___, ___, ___, ___, ___, ___

13, 26, ___, ___, ___, ___, ___, ___, ___

76, ___, 64, ___, ___, ___, ___, ___, ___

98, ___, 70, ___, ___, ___, ___, ___, ___

_____ von 14 möglichen Punkten

10. Übungseinheit: Abschlusstest

j) Platzhalteraufgaben. Berechne die fehlenden Zahlen.

35 + ____ = 41   46 + ____ = 100   58 + ____ = 73

46 - ____ = 29   ____ - 35 = 52   100 - ____ = 62

____ + 14 = 78   13 + ____ = 100   ____ - 67 = 14

 ____ von 9 möglichen Punkten

k) Größer, kleiner oder gleich? < = >
Setze das richtige Zeichen in das Kästchen.

5 • 6   ☐   14 + 12   3 • 8   ☐   34 - 9   7 • 8   ☐   4 • 8 + 24

34 + 36   ☐   10 • 7   100 - 44   ☐   7 • 8   6 • 5   ☐   15 + 17 - 2

2 + 12 + 20   ☐   8 • 4   90 - 36   ☐   9 • 6   18 + 52   ☐   10 • 6 + 2

 ____ von 9 möglichen Punkten

l) Eine Sachaufgabe.

8 Schulkinder und zwei Lehrer gehen in den Zoo. Der Eintritt beträgt für Kinder 3 Euro und für Erwachsene 5 Euro. Wie viel darf ein Eis kosten, wenn die Lehrer insgesamt 50 Euro im Geldbeutel haben?

Rechnung: _____

Antwort: _____

 ____ von 4 möglichen Punkten

m) Finde vier Zahlen, die durch 3 teilbar sind. Kreise ein.

22 19 28 30
16 8 11 6 23
21 5 13 12

 ____ von 4 möglichen Punkten

DIE LÖSUNGEN

1. Übungseinheit - Mengen

<u>Wahrnehmungsübung</u>

5 Bilder zeigen nach links. 8 Bilder zeigen nach rechts.
a) In jedem Kästchen sind gleich viele Sterne.
b) Thomas bekommt 5 Bälle und Kevin bekommt 5 Bälle.
d) <u>Es sind</u>: 10 Schlüssel; 12 Flugzeuge; 7 Stifte
e) <u>Es sind jeweils</u>: je 3 Katzen; je 7 Giraffen; je 3 Mäuse; je 5 Bienen
g) Siehe Grafik:

2. Übungseinheit - Stellenwert

a) 20 = 2 Z 0 E   40 = 4 Z 0 E   70 = 7 Z 0 E   90 = 9 Z 0 E
     80 = 8 Z 0 E   10 = 1 Z 0 E   60 = 6 Z 0 E   50 = 5 Z 0 E

b) 12, 2, 15, 31, 65, 56, 89, 32

c) 18 – 19 – 20   68 – 69 – 70   8 – 9 – 10
     87 – 88 – 89   39 – 40 – 41   38 – 39 – 40
     98 – 99 – 100   98 – 99 – 100   32 – 33 – 34

d) < kleiner   > größer   = gleich
     3 < 9   27 > 23   23 < 53
     22 > 13   100 > 99   100 > 10
     69 < 81   12 > 9   83 > 63

e) Trage in die Tabelle ein (| = Zehner, O = Einer, □ = Hunderter)

Zahl	Zahlenwort	Stellenwert	Ziffer
|| OOO	dreiundzwanzig	2Z 3E	23
||||| OOOO	vierundfünfzig	5Z 4E	54
||||||| OOOOOOOO	achtundsiebzig	7Z 8E	78
□	einhundert	1H 0Z 0E	100

g) 17 = 10 + 7   40 + 6 = 46   60 + 4 = 64
     25 = 5 + 20   53 = 53 + 0   70 + 7 = 77
     60 + 3 = 63   40 = 34 + 6   10 + 70 = 80

DIE LÖSUNGEN

2. Übungseinheit – Stellenwert

h) 100, 49, 22, 1, 35, 78

i) 16, 17, 18, 19, 20, 21, 22, 23, 24, 25   70, 71, 72, 73, 74, 75, 76, 77, 78, 79
60, 64, 68, 72, 76, 80, 84, 88, 92, 96   36, 46, 56, 66, 76, 86, 96
82, 85, 88, 91, 94, 97, 100

j)

Zahlwort	H	Z	E	Ziffer	Zahlenzerlegung
zweiunddreißig		3	2	32	30 + 2 = 32
vierundfünfzig		5	4	54	50 + 4 = 54
neunundfünfzig		5	9	59	20 + 30 + 9 = 59
achtundachtzig		8	8	88	80 + 8 = 88

k)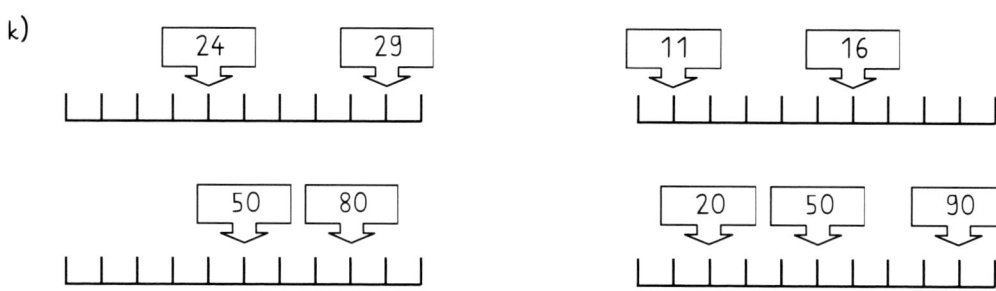

l) <u>Von oben nach unten</u>: 62, 61, 04, 37, 35, 80, siebzig, 56

m) A = 80; B = 100; C = 42; D = 64; E = 44; F = 8; G = 28; H = 40

n) <u>Von oben nach unten</u>: 3 + 7 = 10;   55 + 5 + 40 = 100;   55 + 45 = 100;   23 + 7 = 30;
                          62 + 8 + 30 = 100; 62 + 38 = 100; 42 + 8 + 50 = 100; 42 + 58 = 100

o) <u>Von links nach rechts</u>: 3, 15, 20, 28, 45, 63, 78

p)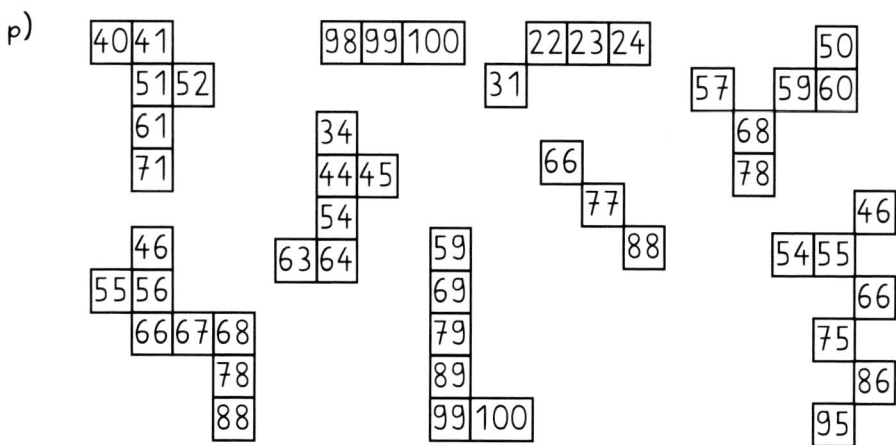

q) Die Zahl 6 kommt 5-mal vor.
Die Zahl 9 kommt 8-mal vor.

r) 1, 5, 7, 9, 11, 13   0, 5, 11, 19, 23, 32, 99
10, 21, 43, 54, 89, 99, 100   4, 12, 34, 55, 67, 78, 99

DIE LÖSUNGEN

3. Übungseinheit – Addition und Subtraktion

a) a) 4 + 3 = 7; b) 8 + 2 = 10; c) 3 + 3 = 6; d) 5 + 4 = 9; e) 1 + 5 = 6; f) 6 + 3 = 9;
g) 2 + 5 = 7; h) 8 + 2 = 10; i) 3 + 6 = 9; j) 3 + 7 = 10; k) 1 + 9 = 10; l) 6 + 3 = 9;
m) 12 + 6 = 18; n) 11 + 5 = 16; o) 10 + 9 = 19; p) 15 + 5 = 20; q) 16 + 3 = 19;
r) 12 + 7 = 19; s) 6 + 14 = 20; t) 5 + 11 = 16; u) 12 + 7 = 19

b) 20 + 30 = 50; 30 + 50 = 80; 60 + 20 = 80; 40 + 50 = 90; 10 + 80 = 90; 90 + 10 = 100

Pyramide 1: 60 / 20, 40 / 10, 10, 30
Pyramide 2: 90 / 20, 70 / 10, 10, 60
Pyramide 3: 70 / 30, 40 / 10, 20, 20

+	40	30	10
60	100	90	70
40	80	70	50
10	50	40	20

–	30	50	20
60	30	10	40
70	40	20	50
90	60	40	70

+	20	50	10
20	40	70	30
40	60	90	50
50	70	100	60

–	10	50	30
60	50	10	30
90	80	40	60
70	60	20	40

c) <u>Von links nach rechts</u>: 7; 9; 4; 4; 17; 19; 14; 14; 37; 49; 24; 44; 67; 79; 54; 74; 97; 39; 94; 94

d) <u>Von oben nach unten</u>: 5 = 3 + 2, 7 – 2; 12 = 6 + 6, 18 – 6; 10 = 5 + 5, 15 – 5;
18 = 9 + 9, 20 – 2; 99 = 95 + 4, 100 – 1; 9 = 5 + 4, 10 – 1;
23 = 20 + 3, 25 – 2; 30 = 20 + 10, 40 – 10

e) 87 + 3 = 90   90 + 2 = 92
36 + 4 = 40   40 + 3 = 43
49 + 1 = 50   50 + 7 = 57
67 + 3 = 70   70 + 3 = 73

f) 23 – 3 = 20   20 – 6 = 14
45 – 5 = 40   40 – 3 = 37
66 – 6 = 60   60 – 2 = 58
72 – 2 = 70   70 – 5 = 65
84 – 4 = 80   80 – 5 = 75

g) <u>Lösungswort</u>: Rechenkönig

h) <u>Partnerzahlen</u>: 6/4; 8/2; 1/9; 4/6; 9/1; 2/8; 3/7

i) 24 + 76 = 100   8 + 92 = 100   43 + 57 = 100
12 + 88 = 100   51 + 49 = 100   48 + 52 = 100

j) 78 + 10 + 9 = 97; 48 + 20 + 7 = 75; 33 + 50 + 8 = 91; 36 + 40 + 5 = 81

k) 48 – 20 – 6 = 22; 83 – 50 – 9 = 24; 91 – 60 – 5 = 26; 37 – 10 – 9 = 18

l) <u>Mögliche Aufgaben</u>: 5 + 5; 7 + 3; 8 + 1 + 1; 20 – 10; 6 + 2 + 2; 1 + 9; 15 – 5; 4 + 6

m) 1. 9 + 1 = 10 + 5 = 15;   2. 8 + 2 = 10 + 6 = 16;   3. 13 + 7 = 20 + 2 = 22;
4. 16 + 4 = 20 + 3 = 23;   5. 10 + 10 = 20 + 2 = 22;   6. 25 + 5 = 30 + 3 = 33;
7. 23 + 7 = 30 + 2 = 32;   8. 75 + 5 = 80 + 13 = 93;   9. 36 + 4 = 40 + 13 = 53;
10. 16 – 6 = 10 – 3 = 7;   11. 37 – 7 = 30 – 1 = 29;   12. 82 – 2 = 80 – 4 = 76;
13. 53 – 3 = 50 – 6 = 44;   14. 93 – 3 = 90 – 13 = 77;   15. 34 – 4 = 30 – 15 = 15;
16. 74 – 4 = 70 – 21 = 49;   17. 48 – 8 = 40 – 4 = 36;   18. 56 – 6 = 50 – 9 = 41

n) a) 78; b) 68; c) 91; d) 57; e) 90; f) 99; g) 90; h) 92; i) 94; j) 99; k) 53; l) 31; m) 7;
n) 12; o) 5; p) 15; q) 12; r) 9; s) 4; t) 4

<u>Konzentrationsübung</u>: Ergebnis = 71

DIE LÖSUNGEN

4. Übungseinheit – Multiplikation und Division

a) <u>Von oben nach unten</u>: 3 • 3 = 9;   4 • 2 = 8;   3 • 10 = 30;   2 • 6 = 12;   6 • 8 = 48;
6 • 5 = 30;   10 • 7 = 70

b) 1. 3 • 2 = 6;   2. 3 • 3 = 9;   3. 5 • 4 = 20;   4. 7 • 2 = 14;   5. 3 • 6 = 18;   6. 5 • 5 = 25

c) <u>Zusammengehörende Paare</u>:
6 • 8 = 8 + 8 + 8 + 8 + 8 + 8 = 48
5 • 7 = 7 + 7 + 7 + 7 + 7 = 35
3 • 7 = 7 + 7 + 7 = 21
9 • 3 = 3 + 3 + 3 + 3 + 3 + 3 + 3 + 3 + 3 = 27
2 • 4 = 4 + 4 = 8
6 • 5 = 5 + 5 + 5 + 5 + 5 + 5 = 30
4 • 9 = 9 + 9 + 9 + 9 = 36
6 • 6 = 6 + 6 + 6 + 6 + 6 + 6 = 36
7 • 8 = 8 + 8 + 8 + 8 + 8 + 8 + 8 = 56
6 • 7 = 7 + 7 + 7 + 7 + 7 + 7 = 42
8 • 5 = 5 + 5 + 5 + 5 + 5 + 5 + 5 + 5 = 40
1 • 10 = 10 = 10

d) Dreierzahlen: 3, 6, 9, 12, 15, 18, 21, 24, 27, 30
Neunerzahlen: 9, 18, 27, 36, 45, 54, 63, 72, 81, 90

e) <u>Lösungswort</u>: Lösungswort

f) 1. 4 • 5 = 20;   Sie haben 20 Karotten für die Ponys gekauft.
2. 5 • 6 = 30;   Sie haben zusammen 30 Murmeln.
3. 8 • 4 = 32;   Die Kinder müssen zusammen 32 Euro zahlen.
4. 3 • 8 = 24;   Er muss 24 Brezeln kaufen.
5. 5 • 7 = 35;   35 • 2 = 70;   Sie verbraucht nach 2 Wochen 70 Liter Wasser.
6. 9 • 8 = 72;   Er muss 72 Pflanzen kaufen.

h) 24 = 3 • 8, 8 • 3, 4 • 6, 6 • 4, 1 • 24, 24 • 1, 12 • 2, 2 • 12
21 = 3 • 7, 7 • 3, 1 • 21, 21 • 1
32 = 4 • 8, 8 • 4, 1 • 32, 32 • 1, 2 • 16, 16 • 2
72 = 8 • 9, 9 • 8, 1 • 72, 72 • 1, 2 • 36, 36 • 2, 4 • 18, 18 • 4, 3 • 24, 24 • 3
56 = 7 • 8, 8 • 7, 1 • 56, 56 • 1, 2 • 28, 28 • 2, 4 • 14, 14 • 4
64 = 8 • 8, 1 • 64, 64 • 1, 16 • 4, 4 • 16, 32 • 2, 2 • 32
36 = 4 • 9, 9 • 4, 1 • 36, 36 • 1, 2 • 18, 18 • 2, 3 • 12, 12 • 3, 6 • 6
48 = 6 • 8, 8 • 6, 1 • 48, 48 • 1, 2 • 24, 24 • 2, 4 • 12, 12 • 4
81 = 9 • 9, 1 • 81, 81 • 1, 3 • 27, 27 • 3

i)

•	3	8	5	7	2	6	4	9	1	10
2	6	16	10	14	4	12	8	18	2	20
8	24	64	40	56	16	48	32	72	8	80
7	21	56	35	49	14	42	28	63	7	70

j) <u>Von links nach rechts</u>:   Jedes Pferd hat 2 Zuckerstücke.   Jedes Pferd hat 6 Zuckerstücke.
Jedes Pferd hat 3 Zuckerstücke.   Jedes Pferd hat 3 Zuckerstücke.
Jedes Pferd hat 1 Zuckerstück.   Jedes Pferd hat 7 Zuckerstücke.
Jedes Pferd hat 2 Zuckerstücke.   Jedes Pferd hat 4 Zuckerstücke.

k) <u>Von links nach rechts</u>: 15 = 5 • 3;   16 = 2 • 8;   18 = 9 • 2;   15 : 3 = 5;   16 : 8 = 2;
18 : 2 = 9;   35 = 7 • 5;   9 = 1 • 9;   24 = 8 • 3;   35 : 5 = 7;
9 : 9 = 1;   24 : 3 = 8;   81 = 9 • 9;   18 = 3 • 6;   30 = 6 • 5;
81 : 9 = 9;   18 : 6 = 3;   30 : 5 = 6

l) <u>Von links nach rechts</u>: 40 : 2 = 20;   16 : 2 = 8;   36 : 4 = 9;   27 : 3 = 9;   4 • 3 = 12;
15 : 3 = 5;   7 • 2 = 14;   10 : 10 = 1;   18 : 2 = 9;   20 : 4 = 5

DIE LÖSUNGEN

4. Übungseinheit – Multiplikation und Division

m) <u>Von links nach rechts:</u>
6 • 6 + 2 = 38;   38 : 6 = 6 Rest 2;   3 • 4 + 2 = 14;   14 : 4 = 3 Rest 2;
3 • 7 + 4 = 25;   25 : 7 = 3 Rest 4;   4 • 7 + 2 = 30;   30 : 7 = 4 Rest 2;
2 • 10 + 2 = 22;   22 : 10 = 2 Rest 2;   7 • 8 – 2 = 54;   54 : 8 = 6 Rest 6

n) 4, 8, 12, 16, 20, 24, 28, 32, 36, 40
   8, 16, 24, 32, 40, 48, 56, 64, 72, 80
   10, 20, 30, 40, 50, 60, 70, 80, 90, 100
   9, 18, 27, 36, 45, 54, 63, 72, 81, 90
   8, 16, 24, 32, 40, 48, 56, 64, 72, 80
   7, 14, 21, 28, 35, 42, 49, 56, 63, 70
   4, 8, 12, 16, 20, 24, 28, 32, 36, 40

o) <u>Von oben nach unten:</u> 24 – 48 – 96;   19 – 38 – 76;   11 – 22 – 44;   22 – 44 – 88;
   7 – 14 – 28;   25 – 50 – 100;   16 – 32 – 64

p) 2 • 3 = 6;   10 • 3 = 30;   5 • 3 = 15;   1 • 3 = 3;   4 • 3 = 12;   7 • 3 = 21;   3 • 3 = 9;
   6 • 3 = 18;   9 • 3 = 27;   8 • 3 = 24

   9 • 5 = 45;   4 • 5 = 20;   10 • 5 = 50;   6 • 5 = 30;   1 • 5 = 5;   5 • 5 = 25;
   8 • 5 = 40;   7 • 5 = 35;   3 • 5 = 15;   2 • 5 = 10

   10 • 8 = 80;   3 • 8 = 24;   5 • 8 = 40;   9 • 8 = 72;   7 • 8 = 56;   1 • 8 = 8;   4 • 8 = 32;
   8 • 8 = 64;   2 • 8 = 16;   6 • 8 = 48

q) : 4 = 12, 16, 24, 32, 48, 80
   : 8 = 8, 16, 32, 64, 72
   : 5 = 5, 15, 25, 30, 45
   : 9 = 9, 18, 27, 36, 54, 63
   : 3 = 6, 9, 21, 27
   : 7 = 7, 14, 21, 42

r) 81 = 9 • 9   4 = 2 • 2   100 = 10 • 10   25 = 5 • 5

<u>Wahrnehmungsübung:</u>

764 = 5x;   09345 = 3x;   12347 = 2x;   23 = 22x;   696 = 9x;   1341 = 10x;   8 = 17x;
0009690 = 3x

5. Übungseinheit – Sachaufgaben

c) zähle dazu   = +   wegnehmen   = –
   das Ergebnis ist   = =   addiere   = +
   verdopple   = • 2   das Fünffache   = • 5
   gleich viele   = =   dividiere   = :
   vervielfache   = •   subtrahiere   = –
   Differenz   = –   2. Teil von   = : 2
   kommt dazu   = +   um 3 weniger   = – 3
   doppelt so viele   = • 2   größer als   = >
   mehr als   = <   wird um 5 mehr   = + 5

DIE LÖSUNGEN

5. Übungseinheit – Sachaufgaben

d) Aufgabe 1: Joachim spart 3 Euro und seine Schwester Martina spart 2 Euro.
Aufgabe 2: 3 Kinder kaufen 3 Karten und zwei Kinder 5 Karten.

e) Von links nach rechts: Wie viel Geld hat Tom?   Wie viel Geld bleibt Harry übrig?
Wie viel Geld bekommt jeder?   Wie viel Geld muss Tim noch sparen?
Wie viel Geld kostet das Kino für 9 Kinder?
Wie viele Bälle hat Felix und wie viele Bälle sind es insgesamt?
Wie oft kann sie ihre Kleidung kombinieren?
Welches Ergebnis ist größer?

f) 1. Mal;   2. Minus;   3. Geteilt durch;   4. Minus;   5. Geteilt durch

g) Die Lösungszahl ist die 15.

h) Von oben nach unten: f, f, f, ✓, f, f, f, ✓, ✓

6. Übungseinheit – Rechnen mit Größen

a) 95 cm; 85 cm; 70 cm; 57 cm; 83 cm; 12 cm; 39 cm; 17 cm; 7 cm; 97 cm

b) 39 mm; 84 mm; 65 mm; 77 mm

c) 85 − 35 = 50 cm   12 + 68 = 80 cm
   45 + 5 = 50 cm   99 − 19 = 80 cm
   88 − 38 = 50 cm   32 + 48 = 80 cm
   13 + 37 = 50 cm   46 + 34 = 80 cm
   71 − 21 = 50 cm   8 + 72 = 80 cm
   42 + 8 = 50 cm   53 + 27 = 80 cm

e) 29 cm

f) 1. Wie viele Tage braucht Frau Meier für den Schal?
   10 • 25 cm = 250 cm
   Frau Meier braucht für den Schal insgesamt 10 Tage.

   2. Wie viele Minuten wird die Schnecke bis zum Rasenende benötigen?
   200 cm : 5 cm = 40
   Die Schnecke wird für den Rest der Strecke noch 40 Minuten benötigen.

7. Übungseinheit – Rechnen mit Geld

a) Von oben nach unten:
   • 1x 5-Euro-Schein, 1x 1-Euro-Stück, 2x 20-Cent-Stück,
     1x 5-Cent-Stück, 2x 2-Cent-Stück,
   • 1x 5-Euro-Schein, 2x 20-Cent Stück
   • 1x 5-Euro-Schein, 1x 2-Euro-Stück, 1x 1-Euro-Stück,
     2x 20-Cent-Stück, 1x 5-Cent-Stück, 2x 2-Cent-Stück
   • 1x 20-Euro-Schein, 1x 10-Euro-Schein, 1x 2-Euro-Stück,
     1x 1-Euro-Stück, 1x 50-Cent-Stück, 2x 20-Cent-Stück

b) Von links nach rechts: 7,34 €; 0,23 €; 3,32 €; 10,11 €; 23,32 €; 5,66 €; 3,06 €; 10,00 €

c) Von links nach rechts: 4 € 23 ct; 0 € 36 ct; 50 € 34 ct; 0 € 30 ct; 0 € 2 ct; 5 € 2 ct;
   1 € 51 ct; 3 € 33 ct; 6 € 72 ct

d) Maria kauft: 1 Fotoapparat, 1 Skateboard, 1 Bügeleisen, 1 Zahncreme
   Nik kauft: 1 Sonnenschirm, 1 Paar Taucherflossen, 1 Wecker
   Markus kauft: 1 Fotoapparat, 1 Skateboard, 1 Sonnenschirm, 1 Fön, 1 Zahncreme

DIE LÖSUNGEN

7. Übungseinheit - Rechnen mit Geld

e) Beate hat 13,14 € in ihrem Sparschwein.
Timo hat 14,32 € in seinem Sparschwein.
Ingrid hat 8,24 € in ihrem Sparschwein.
Alle zusammen haben 35,70 € gespart.

8. Übungseinheit - Die Uhr

a) Im Uhrzeigersinn von rechts neben der 12: 1, 2, 3, 4, 5, 6, 7, 8, 9, 10, 11

b)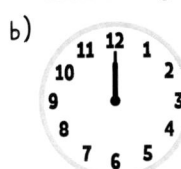

c) 9:30 Uhr, 10:45 Uhr, 11:00 Uhr, 11:40 Uhr, 12:15 Uhr, 14:20 Uhr, 15:00 Uhr, 16:00 Uhr

d)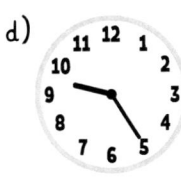

    9:25 h   10:30 h   6:45 h   8:15 h   12:00 h   3:10 h

9. Übungseinheit - Sachaufgaben (Länge, Zeit und Geld)

a) 1. Rechnung: 30 € : 3 = 10 Euro; 10 € : 2 = 5 Euro;
Antwort: Für jedes Kind kostet der Ausflug 5 Euro.

2. Rechnung: 100 g – 32 g = 68 g; Antwort: Auf der Waage fehlen noch 68 g Datteln.

3. Rechnung: 76,23 cm – 13,46 cm = 62,77 cm; Antwort: Herr Müller benötigt 62,77 cm.

4. Rechnung: 33 cm – 14 cm = 19 cm; 19 cm + 10 cm + 33 cm + 22 cm = 84 cm
Antwort: Ben's Kugel rollt 19 cm. Gesamtlänge aller Kugeln = 84 cm

5. Rechnung: 3 • 15 cm = 45 cm oder 15 cm + 15 cm + 15 cm = 45 cm
Antwort: Die Katze ist nun 45 cm lang.

6. Rechnung: 7,80 € + 7,80 € = 15,60 Euro; 3,60 € + 3,60 € + 3,60 € + 3,60 € = 14,40 Euro
Antwort: Lilly kauft die 24 Schreibhefte im 6er-Pack.

7. Rechnung: 27 • 10 ct = 2,70 Euro; Antwort: Die Lutscher kosten zusammen 2,70 Euro.

8. Rechnung: 2,23 m + 22 cm = 2,45 cm; Antwort: Timo ist 2,45 m weit gesprungen.

9. Rechnung: 90 g : 15 g = 6   6 • 23 ct = 1,38 Euro
Antwort: Für 90 g Erdnüsse bezahlt sie 1,38 Euro.

DIE LÖSUNGEN

10. Übungseinheit – Abschlusstest

a) 5, 5 • 7 = 35, 35 : 5 = 7;   2, 2 • 9 = 18, 18 : 2 = 9;   4, 4 • 6 = 24, 24 : 4 = 6;
8, 8 • 8 = 64, 64 : 8 = 8;   8, 8 • 7 = 56, 56 : 8 = 7;   8, 8 • 4 = 32, 32 : 8 = 4

b) <u>Von links nach rechts</u>: 63 ct;   66 ct;   78 ct;   81 ct;   59 ct;   89 ct;   70 ct;   63 €

c) <u>Von links nach rechts</u>: Plusaufgabe: 30 + 15 = 45;   15 + 52 = 67;   67 + 45 = 112
Plusaufgabe: 28 + 28 = 56,   28 + 4 = 32;   32 + 56 = 88
Minusaufgabe: 100 - 44 = 56;   44 - 25 = 19;   56 - 19 = 37

d) <u>Von links nach rechts</u>: 23;   82;   100;   47;   45;   81;   43;   29;   28;   60;   38;   77

e) <u>Frage</u>: Wie viel hat Jana gespart?
<u>Rechnung</u>: Zusammen haben sie 40 Euro. Jakob hat 16 € mehr gespart
40 : 2 = 20 + 8 = 28 (Jakob)   40 : 2 = 20 - 8 = 12 (Jana)
<u>Antwort</u>: Jakob hat 28 Euro. Jana hat 12 Euro.

f) <u>Von oben nach unten</u>:   20-21-30   10-12-20   30-34-40
20-27-30   80-90-100   40-47-50
90-98-100   80-81-90   60-66-70

g) <u>Von links nach rechts</u>: 39, 94, 62, 85, 26, 13, 48, 75

h) Die gesuchte Zahl heißt 84.

i) <u>Von oben nach unten</u>: 22, 24, 26, 28, 30, 32, 34, 36, 38, 40
13, 26, 39, 52, 65, 78, 91, 104
76, 70, 64, 58, 52, 46, 40, 34, 28, 22
98, 84, 70, 56, 42, 28, 14, 0

j) <u>Von links nach rechts</u>: 35 + 6 = 41;   46 + 54 = 100;   58 + 15 = 73;   46 - 17 = 29;
87 - 35 = 52;   100 - 38 = 62;   64 + 14 = 78;   13 + 87 = 100;
81 - 67 = 14

k) <u>Von links nach rechts</u>: >;   <;   =;   =;   =;   =;   >;   =;   >

l) 8 • 3 = 24;   2 • 5 = 10   50 - 34 = 16   16 : 2 = 8
Jedes Kind bekommt ein Eis für 2 Euro.

m) <u>Eingekreist sind</u>: 30, 6, 21, 12